目次

レイシズム

ルース・ベネディクト
阿部大樹 訳

講談社学術文庫

〔凡　例〕

一、本書は、Ruth Benedict, *RACE AND RACISM*, George Routledge & Sons Ltd., London,1942 の日本語訳である。翻訳にあたって割愛した部分については、本書巻末の「訳者あとがき」を参照されたい。

二、翻訳にあたり、読みやすさを考慮して、本文中の改行を増やし、小見出しをつけた。

三、原書にある注は、（1）（2）の形で表示し、巻末にまとめた。

四、訳者による注は、＊1　＊2の形で表示し、各小見出しごとにまとめた。

レイシズム

まえがき

文化人類学の授業を担当していれば、誰だってこんな経験があると思う。講義が一段落して、科学的根拠のあるレイシズムなんてないのだとすっかり示して、国や民族に優劣なんかあるわけがないとこれで学生たちも分かってくれたはずだ、そう思って教室を出ようとする。そのときに誰かがふと立ち上がって、

「でもそうは言っても、ニグロと白人は、違うじゃないですか？」

（「ニグロ」のところが、「ジャパニーズ」であることも「インディアン」であることもあるが、いずれにせよ）こうなると、人類学者はもう一度、例の言葉を繰り返さなくてはならない。人種間に差異があることと優劣があることは違います、差異については科学の対象ですが、生物学的に優劣があるなどというのは無根拠な偏見です、と。

立派な教育を受けた人であっても、人種差があるということと人種に上下があるということの違いが分からないでいることは珍しくない。たとえば商工会議所が移民流入に対して人種差別的な施策を取ろうとしていて、私たち科学者がそれに抗議したとする。そうするとどこからか偉い大学教授がやってきて、

「どうせ外人だし、言っても分からないですよ。私にはこういうことの経験がありますから、任せておきなさい」

そんな言葉を聞くと人類学者は呆れて、「直近の論文の三十報でも読んできてから出直していただけますか」と言いたくもなる。

人種間に違いがあるにしても、それは優劣があることとは違う。件の大学教授と逆の場合を考えてみよう。つまり人種間の差異について百項目をすらすらと言えて、なおかつレイシストでない、という学生である。彼の知識と生活態度の間には、何の矛盾も生じていない。

現代では、人種をめぐる個々の課題への発言と、レイシズムの粗雑な言説が区別されないで一緒くたにされている。そのような現状を変えるために、私はこの本を書いた。右に挙げた二つを、まったく異質なものとしてはっきりと区別するために。人種についての科学的知見とレイシズムの罵詈雑言はまったくの別物である。異なる歴史があって、それを行う人々も、参照しているデータも違っている。

本書の第一部には、人種(race)に関して科学がこれまで明らかにしたことを記した。第二部ではレイシズム(racism)の歴史を概説した。そして最後の第八章は、レイシズムという社会問題に対する私なりの回答である。すなわち「レイシズムがどうして現代には蔓延しているのか?」そして「この伝染病に終止符を打つにはどうしたらいいのか?」という二つの問いに対して、一人の人類学者として答えらしいものを提示しようと思う。

私がこの本を書いた動機は、いわば重ね折りになっていた。アメリカ革命の末裔として、レイシストの喧伝するものに反対していると明らかにしたかったし、そして同時に、文化人類学者の一員として、レイシストの掲げている似非《えせ》人類学に反論する必要があったのだ。

一人ひとり名前を挙げることはとてもできないけれども、これまで人種問題の各方面で研究にあたってきたすべての人々に感謝を捧げたい。特にフランツ・ボアズ教授[*1]には原稿を精読していただいた。ここに重ねて感謝を記します。

ルース・ベネディクト

＊1　ドイツ生まれのアメリカの文化人類学者。アメリカ人類学の父とされる。ベネディクトが学位をとった一九二〇年代のアメリカでは女性が学術的なポストに就くことは困難であったが、ボアズは大学当局の反発を受けながらも彼女に助教授の職を与えている。

第一部　人種とは何か

第一章　現代社会におけるレイシズム

フランスのアーリア主義者ヴァシエ・ド・ラプージュは一八八〇年代も終わりにかかる頃、こう書いている。

「きたる二十世紀、頭指数の大小で数百万人が互いの喉を切り合うだろう」

一見したところ、そんなことで世界戦争が始まるなんてまったく絵空事のように思われる。頭指数《とうしすう》（cephalic index）は頭蓋骨の前後長と横幅の比に過ぎない。そんな数値が1大きいか小さいかで戦争が起きるだろうか？

頭指数の小さい細長頭部は文明の発達していない未開部族にもみられるし、軍需産業や農業技術の発達した西ヨーロッパにもみられる。指数の大きい幅広頭部も同じように、世界中のあらゆる地域に存在している。細長と幅広のいずれも、世界の支配だとか、輝かしい運命だとか、高い道徳だとかに結び付くものではない。ヨーロッパとアメリカだけに限ってみても、細長頭による偉大な発見もあれば、幅広頭による大きな前進もある。しかしそれでもラプージュは、頭蓋骨の形状を理由に「数百万人が互いの喉を切り合うだろう」と言った。彼の予言は一体、何を意味していたのだろうか？

ヨーロッパ文明がレイシズムを生んだ

長い歴史の中で、人類は互いを殺し合うための様々な理由を探し出してきた。肥えた土地への羨望、首長や王族の野心、宗教の違い、あるいは復讐。しかし闘いが終わってみれば、地面に転がった生首はどれも同じような色や形をしていて、区別がつかないものだった。闘いの主導者が頭部の形状によって敵かどうかを判断するなどということはなかった。憎き相手を「異教徒」「野蛮人」「異端者」、あるいは「女子供に暴虐の限りを尽くす輩《やから》ども」と呼ぶことはあっても、「頭指数八二の輩ども」と呼ぶことはなかった。

人間の身体的特徴を戦争や大規模な迫害の根拠として挙げ、さらにそれを実行に移すまでになったのは、私たちのヨーロッパ文明が初めてである。レイシズムは西洋人がこの世に産み落としたものである、と言い換えてもいい。新約聖書は人間を二つに分けた。善をなしたものと、悪をなしたものに。私たちの時代の新方式も人間を二つに分けるけれども、その線を引くのは遺伝的な身体の特徴、すなわち頭蓋骨の形状、皮膚の色調、鼻の形、髪質、瞳の色らしい。そして一度でも烙印が押されてしまうと、その人間はどうしようもなく弱く情けないものとして、あるいは文明を築くことなど決してできない、希望ある未来などとても望めないような存在として、確定されてしまう。レイシズムはカルヴィニズム[*1]の再来である。一方の集団に絶対的優越性を刻印して、もう一方に劣等性をすべて押し付ける。レイシズムにとって、相手方が敵意を持っているかどうかは関係ないし、相手の教派や話す言語も、あるいは奪い取れるような資産があるかどうかさえも関係がない。出自が違うというだけで、あちら側の世界、すなわち自分たちに敵対する側の存在ということになってしまうのだ。「豹は豹柄を変えられない」のだから、豹柄は必ず敵だ、問答無用、というわけである。

　視点を変えてみれば、受精の瞬間から何もかもが決定されているという前提がレイシズムには備わっている。堕落や飢餓が胎児のときから運命づけられているとか、あるいは血が良ければ何をやろうとも悪い人生になるはずなどない、と。あるいは生まれながらに我ら民族は清く正しく優秀で、隣の民族はそうではないのだ、というように。

　このような空想からは、さらに様々な主張が派生してくる。「純粋な」民族があるとか、彼らが歴史を通じて国をずっと治めてきたとか、あるいはその純粋民族に固有な「麗しき」身体的形質がある、などの説である。レイシストに特徴的なのは、自分たちの主張を根拠づけるために絶えず歴史を書きかえるところである。歴史を修正することによって、一個人に過ぎない存在に、どうにかして紋章を、しかも物理法則のように絶対不変の輝かしい紋章を与えようとするのだ。民族の純粋さが失われてしまえば特権性もまた失われてしまうと考えて、他人種との混交に絶対反対の論陣を張ってみたりもする。

＊1　十六世紀の宗教家カルヴァンの影響下に形成されたキリスト教の一派。人間の意志とは無関係に神の救済はすべて決定されているとする予定説が教義に含まれている。

出発点は何か

ここ三〇年ほどに、このドクトリンが無数の軋轢を世界各地で引き起こしてきた。国境線を挟んだ、第一次大戦にまで発展したドイツ人とフランス人の対立があった。皮膚色の境界《カラー・ライン》を挟んだ、西ヨーロッパ全体を覆った黄禍論[＊2]もあった。アメリカでは初期の移民と少しだけ遅れてやってきた移民が対立して、その緊張の構造は恐ろしいまでに先鋭化した。レイシズムに巻き込まれると、まるで誰も正気を保つことができないかのようだった。狂気に飲み込まれてしまうのだ。

もっとも偉大であるのは我々だ、そんな主張を各民族が互いにぶつけ合っているとしたら、それは不条理なことだと言わざるを得ないだろう。そのような主張の多くが、「科学」に、つまり客観的知識の積み重ねに依拠しているかのように振る舞っている。自家撞着のバベルの塔に、私たちの科学は何を果たすだろうか？　積み上がった煉瓦を一つでも差し替えることができるのか、あるいは、科学もまた偽りの礎石なのだろうか？

現代社会を生きるうえで、レイシズムを無視して済ませることはもはや不可能である。出発点となる事実は何であるか、それに対して発せられる言葉はどのようなものか、そしてその背後にある論理はいかなる性質をもつのかと考えなくてはならない。レイシズムは今日の市民がみな等しく曝される教説《イズム》である。どちらの側に立つのか、曖昧なままにしておくことはできない。この問いに対して私たちがどのような答えを出すか、このことによって未来の歴史が描かれていくのだ。

＊2　十九世紀末に唱えられた黄色人種に対する警戒論。特に日清戦争における日本勝利を契機にして、アジア人によってヨーロッパ文明が滅ぼされるなどの主張が繰り広げられた。一九二〇年代にはアメリカ西海岸でも中国系・日系移民の排斥運動が激化した。

第二章　人種とは何ではないか

中国系のひとは黄色い肌とつり上がった目をしている。アフリカ系のひとは黒い肌と平たい鼻をしている。コーカサス系のひとは白い肌と尖った鼻をしている。毛髪の色や性状を取り上げても、やはり同じくらいそれぞれに違うだろう。――ここに挙げたようなものが人種形質、すなわち人種ごとの目に見える差異である。

人種についてもっとも簡潔に定義するなら以下の通りになる。すなわち「人種とは、遺伝する形質に基づく分類法の一種である」。つまり問題となるのは、（1）遺伝現象そのもの、そして（2）遺伝によって伝わった形質である。生物学的に遺伝するものと、社会的に学習されるものの区別が曖昧になると議論は必ず迷走することになる。だから本書がまずやらなければいけないことは、人種とは何ではないか、を明らかにしておくことだろう。

人種と言語

初めに「人種とは、その人物がどの言語を使っているかのことではない」。これはあまりにも当然のように聞こえるだろうか。アラビア語を喋るひとが皆アラブ人というわけではないし、英語を喋るひと皆が英国人というわけでもない。しかしこの二つが混同されていることが稀ではないのだ。

遺伝的な身体構造は遠い祖先の暮らした土地や環境の影響を受けている。一方で母語は幼少期に耳にした言語によって決まっている。人体形態学の観点からもこの二つはまったく独立したものであって、相互に無関係である。生まれもった口腔や咽頭の形や声帯の厚みがどうであろうと、幼児はどのような言語も聞き取ることができるし、話すようにもなる（発声器官が言語に関係しないのだから、皮膚の色、頭指数、瞳の色、髪質などが母語を決定することがないのは自明である）。住んでいる地域ごとに、アメリカの黒人であっても英語・スペイン語・ポルトガル語・フランス語のいずれかを母語として身につけることは周知の事実であろう。交流関係が白人貧困層と深ければそれらしいイントネーションを身につけるし、あるいは小さいころから上流階級に出入りしていればそれらしい喋り方にもなる。これはもちろんアメリカに限った話ではなくて、たとえばシベリアのツンドラ地方に起源をもつ満洲族は何世紀にもわたって中国語を使用してきたことが知られているし、九世紀以降にアラビア語を北アフリカに広めたのはアラブ人ではなくネグロイドであったことも明らかにされている。

確かに一部の原始部族は、その集団に特有の身体的特徴と、やはり特有の言語体系を持っている。これは一見すると、「身体構造と言語は互いに独立である」ということに反するようにも思える。しかし身体と言語が並行してユニークなものとなる過程は、部族同士が互いに隔離されることによって説明される現象である。前史時代のヒト集団はごく少数が地球上に点在するのみであったから、集団間の相互交流はなかった。このために隔離されたそれぞれの部族がそれぞれに固有の身体構造と言語を発展させたと考えられている。

しかし時代が進むにつれて隔離は少しずつ解けていく。ヒト集団の行動半径が広がり、相互交流が生まれる。征服者と被征服者として交わることもあっただろうし、あるいは平和的な通婚もあったはずだ。いずれにせよその子孫は人種として混じり合うことになる。

生物的なものに比べれば、言語が混じり合うことは少なかった。つまり人種タイプは長期間にわたって広い地域に分布するけれども、言語はもっと短命で、分布範囲も狭い。一つの人種タイプの内部で複数の異なる言語が使われていることが普通である。それぞれの言語がまったく別々の語族に属していることも珍しくない。前史時代にはその傾向が特に強かったが、現代でも基本的には状況は同じである。コーカサス地方やカリフォルニア一帯の先住民族のいくつかは、人種的には同一でありながらそれぞれ固有の言語を使っている。険しい渓谷を境にして言語が分かれていて、しかし人種は渓谷の両岸を含めてずっと広い範囲にわたって同一である、というようなことも観察される。あるいは逆の視点から、今日では広く分布しているバントゥ語やポリネシア語も、地理的な通用範囲が広がったのはごく最近であることが明らかにされている。何万年も前から人種と言語は別々の道を辿ってきたのだ。山札をシャッフルしていればハートのキングとスペードのクイーンが遠くなることもあれば近くなることもあるに違いない。

「アーリア」とは

このように言語と人種は分けて議論すべきものであるのに、しばしば混同されている。たとえば今、ナチス・ドイツは「アーリア」という単語によって麗しき単一民族とやらを表しているようだが、しかし「アーリア」は狭義には古代インドのサンスクリット語や古代ペルシア語を含む言語グループを、広義には英語・ラテン語・ギリシャ語・アルメニア語・スラヴ語などを含むインド＝ヨーロッパ語族を指すもので、いずれにせよ言語学上の概念である。ナチス政権が古代インド人や古代ペルシア人に親和的であるとも思えないから、おそらく当初は「インド＝ヨーロッパ語族」の意味で使っていたのだろう。しかしインド＝ヨーロッパ語族を使う民族と言っても、人種的に一つではないから、肌も髪も瞳の色も違うし、もちろん頭指数も背丈も様々である。このような誤用は十九世紀から既にみられたもので、たとえば作家トーマス・カーライル、英国史家J・R・グリーン、そしてフランスのゴビノー伯爵などによって流布されていた。

一八八〇年、アーリア語研究の泰斗であったマックス・ミュラーは人種と言語を混同することの誤りを以下の通り指摘している。

「私はこれまで一度ならず書き表してきたはずだ。『アーリア』という言葉は血や骨や髪や頭蓋骨のことではない。人体解剖学は一切関係ないのだ。アーリア人種、アーリア瞳色、アーリア毛質などの言葉を弄する民族学者くずれは、細長頭辞書で幅広頭文法の研究をしていると宣言しているかのように奇妙である」[1]

しかし第七章でみるように、この「奇妙な」[2]主張は、ミュラーの発言以降に減ることはなく、二十世紀になってむしろ勢いを増した。

文化とは

人種と言語を一緒に扱えないことの根本の理由は、人種が先天的な形質であり、言語が後天的学習の成果だからである。言語は人間が学習によって獲得するもののほんの一部に過ぎない。たとえば満洲族が中国大陸で学んだものは中国語だけではなく、そこには中国流の建築術、家族観、倫理、そして食材調理法までも含まれている。同様に、アメリカ大陸に連れてこられた黒人が学んだのは英語だけではなかったからこそ、バプテスト派になったりメソジスト派になったり、さらには高級列車のポーターになったりしたのだ。アフリカ大陸なら動物の骨を使った占術の複雑な体系を学ぶ期間を、北アメリカ大陸の子供たちは紙と鉛筆を使って読み書きを学ぶのに充てる。中近東の難しいマンカラ・ゲームを覚える代わりに、ニューヨークの子供たちはクラップ・シュートで遊ぶことを覚える。つまり結局のところ、文化がアメリカ人をつくっている。

文化（culture）とは、学習された行動の全体を指す社会科学の用語である。たとえばある種のハチやアリが先天的に一連の社会的行動をとったとしても、これは遺伝によって決定された運動であるから、文化ではない。子供が大人を手本にして一から学び取っていくものだけを文化という。他の動物と比べてみて、ヒトが文化により大きく依存しているというのはどうやら事実であるらしいから、「文化を生む動物」というのもあながち間違いではない。ヒトは海を渡るために羽や尾びれを発達させることはなかったけれども、その代わりに飛行機や艦船を作った。鋭い牙や大きな鉤爪を持つようにはならなかったけれども、火薬とマキシム機関銃を発明した。非生物的伝達が厳しい自然環境に適応することをずっと容易なものとしてくれた。裏返しに見てみれば、生物的に受け継がれるものの重要度が徐々に小さくなっていったことになる。

食餌の好みや狩りのやり方、あるいは生存のために攻撃的となるか防御的となるかなど、社会性昆虫や肉食獣であればその大半が遺伝によって受け継がれる。「豹は豹柄を変えられない」とは、餌のために密林をうろつき回ることは豹がネコ科ヒョウ属肉食類である限り変わらない、という意味である。しかし人間はどうだろう。人種として備わった遺伝的性質が果たしてあるだろうか。つい先日まで隣国を攻め滅ぼそうと大声で主張していた人物も、次の日には和睦を願い、友愛を祈っていることが珍しくない。具体例を一つ挙げてみれば、十九世紀まではスカンジナビア人は不気味で破壊的なヴァイキングとして恐れられていたが、それが現在では非侵略を誓った平和な「中立国」である。

もしかしたら、平和国家があるとき突然に侵略国家に変わってしまうことの方が印象的かもしれない。日本は国としての最初の記録から一〇〇〇年以上にわたって、侵略のための出兵はたった一度あるのみだった。ヨーロッパではとても考えられないことである。しかも一五九八年にあったそのたった一度の侵略[*1]の後には、朝廷によって遠洋航海用の造船が禁じられて、非侵略主義はさらに厳重にされてもいる。礼儀を尊び、心持ちが軽く、そして芸術に秀でた日本人の美徳は脈々と受け継がれてきたものであると考えられていた。しかし一八五三年に鎖国政策が解かれると、それから一〇〇年に満たない間に五回も海外派兵をするようになる。今や世界でも最も好戦的な国家の一つに豹変してしまった。このように人類の歴史を振り返れば、数百年にわたって羊のように優しかった民族もたった一世代のうちに獰猛なライオンに化けてしまうこともあると分かる。

＊1　豊臣秀吉による、いわゆる朝鮮出兵のこと。

人種と文明は混交する

世界史の中でこれまで様々な文化圏が築かれて、そして滅びていった。一つの人種によってすべて建設された文明はこれまでなかった。そして逆に、一つの人種が一つの文明にだけ参画するということもなかった。自然科学の言葉でいえば、文明は人種の「機能」とは呼べないことになる。

栄枯盛衰の歴史を知るほどに、人種が混交することなく築かれた文明など一つとしてなかったと分かる。遠く前史時代にまで遡ったとしても同じことだ。ある高名な考古学者がこんなことを言っていた。古くからいた民族が滅びたとしても、土地に根付いていた文化は新しくやってきた人々の文化を吸収しながらさらに発展していくものだ、と。

数千年の視野をもつ考古学者にとって文化とは、一民族が衰退するくらいのことで消えてしまうものではない。むしろ土地の住民が次々に入れ替わったとしてもなお保たれる大きな体系こそが文化と呼ばれるに値する。すなわちヨーロッパの旧石器時代から現代まで受け継がれてきたものは、文化の連続性であって人種の連続性ではない。ネアンデルタール人の文化は、中石器時代にクロマニヨン人へと受け渡されて、そしてさらに新石器時代になって洗練された（現在ではヨーロッパという狭い地域の考古学ばかりが進んでいるが、アフリカ、アジア、そして中央アメリカにおいて蓄積されつつある知見もやはり同じことが起きていたと伝えてくれる）。

このストーリーは、歴史の輪郭がはっきりするようになって以降の西欧文明においても繰り返された。十九世紀の学者はヨーロッパ文明をギリシャから説き起こすことで満足していたけれども、今日そんなことをすれば笑い種である。歴史学の発展によって、ヨーロッパ文明の起源はもっと古くにまで遡れることが明らかになっている。ギリシャ文明は地中海の東方文化を引き継いだものであったし、この東方文化にしてもエジプト文明の大きな影響を受けたものであった。

現代の私たちがヨーロッパ文明のものと考えている発明物の多くも、その起源を辿ればずっと遠い民族のものである。製鉄はインドないしトルキスタンに始まった技術であるし、火薬は中国に由来する。あるいは印刷機の発明にしても、やはり元を辿れば製紙・活版印刷が共に中国から輸入されている。経済の点から見れば、大規模な人口集約によって現代の私たちの生活が築かれているとしても、それを可能にした穀物の耕作や畜産は新石器時代のアジアに起源がある。タバコやトウモロコシを栽培化したのは中央アメリカの先住民族が初めてだった。現代の工業生産に必須の計算術についても、もとは中東で発明されたシステムであって、それをムーア人がヨーロッパに持ち込んでいる。代数学も同じように輸入された知識である。ローマ時代に入るまで西欧にはごく簡単な算術よりも高度なものは知られていなかったことになる。

あらゆる領域について、私たちの西欧文明は数々の人種が共に作り上げてきたものである。これは観測事実であって、推論ではない。文明を作りだす数ある要素のうちの一つとして人種があるだけだ。白人はかつて、いまの日本がそうであるように、文化を借り入れる側であった。白人が何百年もかけてやったことを日本はわずか数十年でやってみせたわけだが、これをありのままに解釈すれば日本人の方が人種としてずっと優れているという議論さえ成り立つ。

人種集団は不均質である

文化と人種がまったくの別物であるということを、違った視点から眺めてみよう。つまり人種を固定したものと仮定して、それぞれの人種にどのような文化が備わっているかという議論である。しかしこうすると途端に雲行きが怪しくなる。同じ人種であっても、ある一部が高層建築・大都市・巨大行政組織を作っていながら、別の一部は昔ながらの牧畜生活を送っているのだから。

アラブ人の一派はスルタン[*2]のもと学芸と美術が花開いた豪華絢爛な国家組織を作り上げた。別の一派はベドウィンとして単純素朴な遊牧民として過ごした。マレー人をみても、半島沿岸にほとんど原始的生活を送るものもいれば、内陸部で高度な文明を築いたものもいる。あるいは原始民族とされているシベリアのアムール川岸の部族やツンドラ地方のユカギール族も人種としては高度な文明を築いた中華民族と同一であるし、満洲族はもともとツングース系の地味な小民族に過ぎなかったところを、モンゴル帝国との接触、そして十七世紀中葉の中国への攻勢を通してこの時代で最大の富と栄誉を一手に集めることとなった。世界史のどのページを開いてみても、同じような話ばかりだ。人種が一塊となって「高度」になったり「原始的」になったりすることはない。文明と非文明を分ける試金石になることもない。祖先がかつて野蛮人と呼ばれていたとしても、その子孫が現代になって文明生活に適応していることに何の不思議もないし、そこに相応の貢献を果たすだろうことも当たり前のことである。

北方人種もこの例外ではない。明白なる運命（manifest destiny）[*3]などという大言壮語がかつて唱えられたが、しかし同じようなものが同じくらいに他の人種にも備わっているのだから、いくら大声で主張したところで虚しいだけだ。それでもなお北方人種だけが特別に優秀であるとの言説がまかり通るようなら、むしろその言葉の背景にこそ、何か隠したい事情とか、裏の意図とか、あるいは無意識の言い訳があると考えるべきだろう。現実の歴史をみるなら、アーネスト・フートンが言ったようにかつて北方人種は「北の痩せさらばえた悪党ども」[3]であって、古代ヨーロッパの比較的平和だった時代を攪乱した存在である。あるいはフランク・ハンキンスが言ったように「文明を創るよりも壊すことの方がずっと多かった」[4]。繰り返しになるけれども、人種というのは遺伝によって受け継がれた身体的特徴の組み合わせに過ぎず、大昔に野蛮であったこととか、現代において立派な文化を誇っていることとは関係がない。かつて粗野な生活を送っていたとしても、その人種が現在においても劣等であるということには決してならない。

＊2　十一世紀にイスラム王朝の君主に与えられた称号。

＊3　一八四〇年代にアメリカ合衆国の領土拡大（すなわち先住民族の排除）を正当化するために謳われたスローガン。白人による西部開拓は神の意思によって定められている、とする。

原始部族の世界認識

気の遠くなるような長い時間をかけて、文明は少しずつ築かれていく。ある時にはあの民族が手を貸し、また別の時にはこの民族が手を加える、という風に。あらゆる文明がたった一つの人種の功績であると主張するような人物をときどき見かけるが、そういう人間の語る物語は、私たち文化人類学者に原始部族の創世譚を思わせる。我が部族とともにすべてが始まりそして終わるだろうとか、始まりの世界には我が部族に全てが与えられていたとか、我が部族が堕落すれば世界が終わるとか、そんなことをパプア・ニューギニアの先住民が言えば例のレイシストは鼻で笑うのであろうが、しかし国に帰れば彼自身もまったく同じことを言って回るのである。おかしなことをやっていると自分では決して気が付かない。

原始部族の世界認識はテリトリーのほんの少し外までしか広がっていないものだし、民間説話がすなわち歴史であって、知識が足りていないために話は誇大的になる。この視野狭窄は、万が一ご立派な学識経験者のお墨付きがあろうとも、やはり幼稚な勘違いであることには変わりがない。

視野狭窄のあまり歴史を書き換えようとしたり、自分自身が属する集団ばかりにスポットライトを当てたりするかもしれない。すべて偽史である。真実の歴史が私たちに教えてくれるのは、たとえ文化的な優位性というようなものがあるとしても、それはある民族からある民族へと、ある地域からまた別の地域へと次々に受け渡されながら今日に至っていることである。ある時代のある地域に住んでいたエスニック・グループのさらに小さな一部分が、歴史的な経緯からたまたま何らかの役割を演じるようになった、とする方が正しい。そのチャンスに恵まれた人々は生活の水準も上がったし、偉人として名を残す個人も出た。メソポタミア、中国、インド、エジプト、ギリシャ、ローマ、イングランドといった地域がその舞台になった。高度な文明を一手に支配した単一の人種など存在しない。

ここからの章では歴史、生物学、身体計測学についてそれぞれ見ていこう。人種の概念によって人類の偉大な達成をすべて説明しようなどと決して考えないこと。人種は形態的な測定結果に過ぎず、人類の歴史はもっとずっと複雑であるし、文化は遺伝子のように器械的に伝達されるものでもない。

第三章　人類は自らを分類する

現代の科学において、ヒトをいかに分類するかと議論するときほど意見が大きく分かれることもなさそうだ。ある権威が地理的な観点から分類したかと思うと、また別の教授が皮膚の色で、さらにはまた別の大物が出てきて頭指数で、あるいはその組み合わせで……といった有様である。人類は三群に分類されると主張する論者もいれば、一七と言う研究者もいるし、三四だと息巻く評論家もいる。一つのエスニック・グループをみても、ある学者はそれを一次的なものと捉えていて、隣の学者は二次的と考えていたりする。

コンセンサスを得ることができないのは、科学者が互いに意地を張っているからではない。むしろヒトの発生史と、生物学の原理原則にその理由がある。この二つについてはそれぞれ第四章と第五章で見ていこう。本章ではその前に、人種を分類するにあたってその土台となる知識と、現在使用されているいくつかのカテゴリーについて確認しておく。

ダーウィンの功績

人種を分類することに関して、これまで相当な努力が傾けられてきたことは確かだ。植物学や動物学についても、ビュフォンによる十八世紀の粗雑な分類法から始まって、徐々に現代の洗練された体系へと進んできた。今では、分類のうちに種同士の遺伝的関連性や進化史を見てとることさえ可能になっている。

科学者はヒト以外の生物種から得られた知見によく通じていて、見かけ上の類似性に基づいて分類を進めてしまうことの危険性を熟知している。たとえば、泳ぐというだけの理由でクジラを魚の一種と宣言してしまうようだと、あまりに恣意的な分類であるから動物学の発展にはまったく寄与しないだろう。生殖や呼吸の様式によってクジラを哺乳類と分類できるようにならなければ、生物学者としての基礎がなっていないことになる。あるいは逆に哺乳類の研究を進めるとなれば、哺乳類全般に共通する身体的特徴を取り上げる必要が出てくる。クジラとコウモリに共通する特性を見つけだすのだ。たとえ片方が魚のように泳ぎ、もう片方が鳥のように空を飛ぼうとも。人種を研究しようとする生物学者も皆、ただ表面的な特徴をなぞるのではなくて、もっと深いところで妥当性が得られるような分類法を見つけようとしている。

十九世紀後半になってチャールズ・ダーウィンの進化論が受け入れられるまで、人類学的な議論の中心は、単一起源説と複数起源説のどちらが正しいかを決めることであった。聖書に書かれていることや教会の宣伝するところによれば、すべて人類はアダム一人から生まれたものである。コロンブス以前のヨーロッパではこの伝統的な単一起源説が広く信仰されていた。しかし大航海時代になってヨーロッパ人の視野が広がると、黄色い人間、黒い人間、赤い人間を見て、果たしてただ一度の〈神の創造〉でこのようなことが起きるだろうかと疑問が出るようになった（なお、この時点では例えば黄色人種の内部にどれだけ多様性があるかは考慮されていない。混交の可能性についても検討されなかった。人種は、まるで子供向けの地理の教科書のように、国ごとに色分けされているものと考えられていた）。単一起源論者は天候の違いなどによって人種が分かれたのだろうと考えた。一七四八年に『法の精神』を著したモンテスキューもそのうちの一人だ。反対に複数起源論者にとっては、それぞれの変種は「神の思惟」の結果であって、互いに無関係であるとされていた。

単一起源論者のキュヴィエは、聖書の通りあらゆる人種はハムとセムとヤペテから分かれたもので、すなわちその父親であるノア一人に起源をもつものと考えていた。一八三〇年、フランス学士院を舞台に複数起源論者サンティレールがキュヴィエに議論を仕掛けた。これを伝え聞いてゲーテは、驚きを隠さず友人に伝えている。

「君は、この大事件についてどう思うかい？　火山は爆発した。すべては火中にある。もはや非公開で談判するようなときではないよ！」[1]

ダーウィン以前にも一部の優秀な学者は、それぞれの人種は互いに全くの別物であるという考えを受け入れず、反証の試みを続けていた。史上初めての偉大な人類学者と言うべきテオドール・ヴァイツ[*1]は、膨大な身体計測の結果から人種が互いに独立であるという意見を否定した。活版印刷の鉛版《ステロタイプ》のように人種を捉えるのでは整合性が取れないことを発見したのだ。例えば「黄色い人々」の中にもかなりの振れ幅があって、黄色人種内の他のグループよりもむしろヨーロッパ人とずっと多くの共通点を持っているグループもあるという観測データが主張の根拠となった。同じ時代に生きてはいたものの、ヴァイツがダーウィン理論に触れた形跡はないから、右に挙げた主張はダーウィンの進化論とは独立に現れたものと考えるのがよさそうだ。

さて、しかしどれだけ贔屓目《ひいきめ》に見てもやはり、私たちの理解をずっと前進させたのはダーウィンの功績とするべきだろう（ヴァイツの主著『人類学』とダーウィンの『種の起源』は共に一八五九年に出版されている）。ヒトと類人猿の構造に多くの共通項があることについてダーウィンがとった解釈は、それまでに繰り返されてきた数多の論議を過去のものとしてしまった。あらゆる人種や原始部族が、一つの巨大な系統樹の枝葉となったのだった。ダーウィンの著作を出発点として、それ以降の人種研究はすべて、まったく新しい方向に進んでいくことになった。複数起源か単一起源かの議論はすっかり古い話となって、人種間の差異にそれぞれどのような適応上の意義があるかに学界の関心が移ることになる。

ダーウィンによれば、生物学的な種（species）とは相互に交配可能な生物の集まりである。この意味での「異なる種」が人類内部に存在しないことは『種の起源』が出版されるのとほぼ同時に自明視された。最も肌が白い民族と最も肌が黒い民族であってさえ交配可能であるということは当時にあっても周知の事実だった。ちょうど時代は、エスニック・グループの混合が交通の発達によって一般的になりつつあった頃である。

＊1　十九世紀ドイツの人類学者。はじめ哲学を専攻していたが、後に人類学に転向する。当時主流であった考えに反して、いわゆる「原始人」と「文明人」が（まったくの別種ではなく）連続的な関係にあることを主張した。

「人種」のイメージ

しかしそうは言っても、人種概念は十九世紀のあらゆる領域に染み込んでいたものだったから、交配可能性による分類が消滅しても、また新たな規準線《クライテリア》が謳われることになった。私たちになじみ深い、一連の身体的特徴による人種の分類である。黒色の皮膚と縮れた毛髪と平たい鼻があればネグロイド、というようなやり方だ。この意味での「人種を分ける規準線」として様々な身体的差異が十九世紀後半以降に広く研究されていくことになる。このタイプの知見が、「人種」と聞いて現代人が思い浮かべるイメージの基礎となっている。

皮膚の色

人種の違いとしてまず目を引くのは皮膚の色であろう。古代エジプトの壁画では四種類の塗料が使い分けられていて、自分たちの皮膚を描くときには赤を、アジアに住む敵対民族は黄、北に住む民族は白、ネグロイドには黒が塗られている。これが現代では数を一つ減らして、ギリシア語由来の分類名となっている。

白色皮膚《ロイコデルミ》
黄色皮膚《キサントデルミ》
黒色皮膚《メラノデルミ》

一般的には、この分類はそれぞれコーカソイド、モンゴロイド、ネグロイドに対応することになっている。皮膚色の違いは一見して明らかなものであるし、広い範囲に分布する具体的な指標であるから、これから見ていくその他の身体的特徴もここに挙げた三つのグループと結び付けられることになる。

しかしながら、肌の色それ自体は、この三つの基礎的グループを分ける規準としてはあまり有用でない。つまり肌の色を大まかに三つに分けたとしても、その内部で相当なバリエーションがありうる。例えばある地方の「黒人」よりもある地方の「白人」の方が「黒い」ということも珍しくない。このためフランスの人類学者ブローカは皮膚色を三二に分類したし、あるいはドニケルは九つに分類したけれど、いずれにせよ肌の色で人種を分類するのはかなりのオーバーラップが生じるために万全の策ではない。肌の色による分類が文字通り表面的なことは、それぞれの人種グループの起源を捉えようとするときに一層明らかになる。

つまり北アフリカの諸民族とオーストラリアの先住民を「肌が黒いから」というだけの理由で同族と考えるのは明らかに無意味だし、アルメニアに住む人々を「肌が白いから」とコーカソイドに分類しているようでは話にならない。学部生であっても、これではまずいと気付くだろう。結論としていえば、肌の色はごく大摑みにエスニック・グループを捉えるのみであって、単独では科学調査に利用することのできない粗雑な規準である。

眼の色と形態

瞳の色も人口調査ではしばしば記録されるけれども、これも単独では特定の人種と結び付くことはない。黒い瞳はあらゆる人種にみられるものだし、もっと特殊な色、例えば青い瞳などがあっても、全員が青い目をしているエスニック・グループは存在しない。

眼瞼の形は黄色のアジア人に典型的な「つり上がった」目を記述するときに使われている。これをモンゴロイド眼と呼ぶこともある。つり上がっているように見えるのは、目の鼻側に皮膚のたるみ（内眼角贅皮）があるためである。多くの白人も幼少期には内眼角贅皮を持っているが大人になると消失する。ネグロイドにも時折みられるが、（モンゴロイドの）インディアンではやや稀である。

毛髪の色と形態

黒い瞳と同じように、黒い毛髪もあまりに広く分布しているために人種を同定するのには役立たない。青い瞳と同じように、金髪のような特殊な毛質であっても一つのエスニック・グループの全体で共有されているということはない。

さて毛髪の形態にもいくつかの分類名がある。

直毛《ライオトリチー》（中国人、イヌイットなど）
波毛《チモトリチー》（ヨーロッパ人、インド人、オーストラリア人）
縮毛《ウロトリチー》（アメリカ黒人、メラネシア人）

毛質の差を生むのは、顕微鏡で見てやっと分かるような毛髪断面の微妙な形状の違いである。つまり直毛は断面が円状、縮毛は扁平状、波毛はその二つの中間である。いずれも広大な地理的範囲にわたって存在しているものだから、やはりごく大摑みな分類に役立つくらいで、繰り返すようだが、これ単独で人種を決定することはできない。たとえばオーストラリアの先住民族はウェーブのかかった髪をしていてもヨーロッパ人ということにはならないし、イヌイットがまっすぐ伸びた髪であっても中国人と同族ということにはならない。逆に人種研究においてどのように利用できるかというと、例えば西メラネシア（ソロモン諸島など）に住む肌の黒い先住民が、さらに髪も縮毛だとなれば、アフリカ大陸のネグロイドと遺伝的に関係していると主張するときに多少とも説得力を増す、という程度である。

鼻の形

人類学者は鼻の形にも注目してきた。主に二種類がある。

狭鼻《レプトライン》――縦長の鼻孔（ヨーロッパ人、イヌイットなど）
広鼻《プラトライン》――横長の鼻孔（アメリカ黒人、タスマニア人など）
（鼻梁の形については凹形・凸形・曲形・直形などと記述することもある）

ここまでに挙げてきたものと同様に、どのような鼻の形もそれだけで人種を決定することはない。ネグロイドの中にもかなりの変異があるものだし、コーカソイドも同様である。

身長

背の高さは第一の身体的特徴であるけれども、生育環境にかなり影響される。身長は地域の衛生状態や個人の栄養状態に依存しているために、一般的には人種間の遺伝的関係性を考えるときの指標とはされない。ピグミー族のように明らかに遺伝性の低身長を除けば、一つの人種内に高身長のグループもあれば低身長のグループもあるものだ。これまでに知られているもっとも高身長の部族も、もっとも低身長の部族も、ともに同じネグロイドである。ティエラ・デル・フエゴ諸島のような絶海の孤島にあっても、高身長の者もいれば低身長の者もいる。総じて、人種の規準として身長値を使うことはできない。

頭指数

頭指数とは、頭蓋骨の前後長に対する横幅をパーセント表示したものである。この指数によって頭蓋骨は以下の三種に分けられるが、数値を見てわかるように、線引きはあくまでも人為的である。

長頭《ドリコセファリク》——頭指数七五以下
中間頭《メソセファリク》——頭指数七五から八〇
短頭《ブラキセファリク》——頭指数八〇以上

ヒトの生理に関する人類学の中で、頭指数は最もデータが多く積み重なっている項目である。今ではほとんどすべての人口集団に対して頭指数の統計が入手可能だ。どうして人類学者がこれほどに頭指数を好んだかというと、計測がごく簡単かつ正確であって、しかも白骨化した頭蓋骨も生きている人間も同じように測ることができるためである。

しかし頭指数も白人をモンゴロイドやネグロイドから区別する用途には使えない。人種ごとに特定の値をとることもない。例を挙げれば、世界で最も長頭であるグループも、最も短頭であるグループも、共にインディアンである。つまりその他の身体的特徴から総合的に判断したときの同一人種のうちに、長頭も短頭もいることになる。同じことを別の観点から見てみれば、コーカソイドであっても頭指数によってサブ・グループに分けられることになる。頭指数のグラフを描いてみると一つの大きなエスニック・グループ内部で山となるところも谷となるところもある訳で、つまりこの数値はローカルな変異を表すことを主眼としていることになる。

血液型

ここまでに挙げた六つが人種を考えるときの主要な項目である。これに加えて、すこし領域を変えて、血液型の研究もある。同じ血液に対して致死的な拒絶反応を起こす人間もいれば何の問題も生じない人間もいるという、輸血に際しての観察から始まった知識の体系である。これまでに少なくとも四つの血液型が知られていて、人種研究者は期待の眼差しを向けている。血液型はシンプルな方法で決定することができるし、アジアに住むモンゴロイド、西ヨーロッパの民族、インディアンとエスキモーにそれぞれ独特の血液型の集積が見られたとの最近の報告もあるためである。血液型は厳密に遺伝的に決定されていて、一生を通じて変わらない。たとえばA型の人物は両親の少なくとも一方がA型である。すなわち人口集団内に複数の血液型が混在しているとすれば、それは複数の異なる起源を持った祖先がいることの最も確実な証拠となる。

しかし血液型もやはり絶対ではない。アボリジニにもっとも多いのはA型であるけれど、これは西ヨーロッパでもっとも多い血液型と同じであるし、あるいは東アジアやインドに多いB型血液もヨーロッパ全土で観測されている。血液学のエビデンスが教えてくれる一番確からしいことは、人類が歴史上かなり早い時期から大規模な混交を繰り返してきた、ということである。

オリジナルの人種などない

さて、ここまでのところで読者の皆さんはもう十分準備ができたと思う。人種を分けるための生物学的かつ絶対確固とした基準を打ち立てようと四苦八苦している学者たちが直面している困難について、はっきりと示しても良いころではないだろうか。

コーカソイド、モンゴロイド、ネグロイドと分けられるような長い歴史をもつ解剖学的な分化を果たしたグループは確かに存在する。しかし大多数の人々は、たとえ幾つかの規準を組み合わせたとしてもなお、そのうちのどれに属しているとはっきりとは決まらない。ネグロイドよりも肌の黒い「白人」もいる。どの人種にも黒い髪と黒い瞳をしたひとがいる。遠く離れた土地で、まったく同じ頭指数が観測される。オーストラリア大陸と西ヨーロッパに似たような髪質をした人々が生活している。血液型さえも人種を定義できない。

ではいくつかの指標を組み合わせてみたらどうなるだろうか？　どこかの物好きの学者が肌の色を第一に重要と考えたとしよう。スウェーデンかどこかに行くだろうか。そうすれば肌の白い人々がたくさん見つかる。学者は金髪もやっぱり大事だという気になる。相当のスウェーデン人が脱落する。青い瞳でないと格好がつかないと学者がつぶやく。さらに脱落者が出る。やっぱり背が高くないとなと思う。さらに脱落。そのうちに頭が前後に長いのでないと気に入らないとまで言い出す。――ここまでくれば、「肌が白くて金髪碧眼で背が高くて細長頭のグループ」を学者は集めることができるだろう。しかしこれはもはやスウェーデンのもともとの人口構成とは全く何の関係もない、この学者が恣意的に集めた一群の人々に過ぎない。

世間では、右に挙げたような特徴を持つ人々がスウェーデン人らしいということになっている。しかし数千人のスウェーデン軍新兵を調査したレチウスによれば、白い肌・青い瞳・金髪の三つのみに限定しても、人口の僅か一一パーセントが当てはまるに過ぎない（しかもこの三要素は同じ色素型がそれぞれ異なった部位に表れでただけであるから、もともと共起しやすい）。高身長やら細長頭やらまで加えたら、スウェーデン人のうちで「スウェーデン人らしさ」に当てはまるのはさらに少なくなる。

この現状が実際のところどんな意味をもっているか明らかにするために、一つ例を出して考えてみよう。動物学者がいて、クロクマの一亜種を定義するために五つの特徴を提唱したとする。この学者がフィールド・ワークに出かけて、この特徴をもっとも顕著に示してくれそうな群れを見つけ出して全頭調べてみるが、それでも五つを備え持った個体がたった一一パーセントしかいなかった。このとき動物学者がとりうる道は二つに一つである。一つは、この五つの特徴というのがこの亜種を区別する目的にはそもそも不適切であったと結論すること。そしてもう一つは、特徴を顕著に示す群れといえども、やはり様々な群れの交雑から生まれたものに過ぎなくて、独立した亜種とは言えないようだと結論することである。

これとまったく同じように、ヒトの身体的特徴に注目するときにもこの二つの可能性を検討しなくてはならない。つまり「スウェーデン人らしさ」と考えられたものも、実際のところはごく表層的な個人的偏見に過ぎなくて、スウェーデン人を定義づけるものではなさそうだ、と考える必要が出てくる。

ここまでに見てきたように、黒い髪、黒い瞳、褐色の皮膚というのが人類全体では多いために、その対極にある金髪・碧眼・白い肌は注目を集めやすい。他と変わったところがあると、その内実はともかくとして、飛び抜けて見えるものである。しかし金髪が全体の中で目立つということと、それがスウェーデンの人口集団を特徴づけているかどうかは別問題だ。当てずっぽうが当たることもないではないが、しかし的外れであることが計測によって既に証明されている。

「いやそうではなくて、高身長で肌が白くて目が青くて金髪で細長頭はやっぱり特別な人々で、ただ移民や通婚によって〝ぼかされて〟いるだけなんだ」。そう唱える人物も出てくるかもしれない。しかしそう主張する前に、遺伝学の基本法則をまずは思い出してもらって、辻褄を合わせてもらう必要がある。特に、専門用語でいうところの分離（segregation）が起きる事実である（詳しくは第五章の七一—七四頁を参照のこと）。毛色であれ知能であれ、遺伝するものは何であっても、交配の度に分離されて、子孫に受け継がれる。すなわち人種の混交が一度でも起きれば原典通り《オリジナル》の人種なんてものはなくなるのだ。

「純粋な人種」という幻想

計測対象がスウェーデン人だろうとアルジェリア人だろうと中国人だろうとギリシャ人だろうと同じである。どんなデータを集めてみても、これまでに大規模な人種の混交が繰り返されてきたことが明らかになるだけであって、「純粋の一系」などというものが幻想であると突きつけられておしまいである。例えばスウェーデン人とシシリア人を比べても、どちらか一方にしか存在しない形質などというのはなくて、ただその統計的な分布が異なるだけだ。鳥類の新種でも見つけるようなつもりで調査に出かけても、ハトとスズメほどの違いを示すものは人類にはないと改めて思い知らされて帰途に就くことだろう。

私たちはもうそろそろ、鳥や犬の新種でも探すようにヒトの身体的特徴を云々するのをやめなければならない。言えるのはせいぜい「世界中の色々な地域で人類は解剖学的な様々な特徴を発達させてきて、ごくおおまかにコーカソイド、モンゴロイド、ネグロイドと言えそうだ」くらいのところである。局地的にもっと細かい特性が長じたこともあったにせよ、いずれも特別に重要なものとはならなかった。

日本の先住民族であるアイヌにみられるコーカソイド的特徴を説明するため、ボアズはコーカソイドをモンゴロイドの一部として、主要なエスニック・グループを二つに減らすべきだとさえ考えた。これまでアイヌを研究してきた学者は皆が口をそろえてアイヌといわゆる「白人」が似ていることを書き残している。皮膚の色だけでなく、多毛であることやその髪色や髪質もコーカソイドに近い。アイヌはその周囲をモンゴロイドに囲まれているにもかかわらずこのような特質を持っているので、白人がその一ヵ所にだけ飛び地的に移住してきたと無理矢理に仮定するよりも、モンゴロイドの亜型としてコーカソイドが生じると考える方が自然である。[*2]

いずれの解剖学的特徴も、歴史学がやっと追えるくらいの大昔に現れたものだ。その一方で文明が高度に発達するようになったのはごく最近である。文明は世界各地で同時多発的に起きたのであって、どれか一つの人種にその功績があるのではない。大摑みな三部類であろうと、あるいはもっと細かい小分類の意味で使おうと、文明はどうやっても「人種」が作り出したものではない（第六章一一二―一一五頁を参照）。世界各地の身体的特徴の現在の分布は、旧石器時代から繰り返されてきた民族の移動に原因がある。人々が大陸を横断し、海を渡り、そして通婚しながら混じり合っていくプロセスについては次章で取りあげるけれども、いずれにせよ西ヨーロッパのどこかに「純粋な人種」の中心地があるなどと主張するのは端的に誤りである。

＊2　身体構造の特徴からアイヌが本州の日本人と異なる起源をもつとかつて考えられていたこともあったが、一塩基多型などを利用した近年の遺伝研究では、約三〇〇〇年前に共通の祖先（縄文人）から分岐したとするのが定説となっている。巻末の参考文献も参照のこと。

人種と国境線

最後に、人種と国家、そして国境線の関係を見てみよう。「新世界」発見によって大規模な人口の移動が行われるまでは、三つの主要なエスニック・グループはそれぞれに大きな水系を中心に分布していた。つまりコーカソイドは地中海を囲むように、ネグロイドはインド洋に沿って、そしてモンゴロイドは太平洋の沿岸に分布していた。西大西洋に住んでいたネグロイドを特に「メラネシア人（島の黒い人、の意）」と呼ぶこともある。モンゴロイドはアジアだけでなく南北のアメリカ大陸にも居住していて、インディアンとなっている。現状ではいずれとも決めがたい民族を、分からないままに三つのうちのいずれかのグループに押し込んでも、科学的調査の助けにはならないことは自明であろう。コーカソイド、モンゴロイド、ネグロイドがたまたま現代では広く分布しているというだけで、「三」という数字に特別な意味はないし、ましてやこれらのエスニック・グループが他の小規模なグループよりも由緒正しいとか、あるいは別格であるとか、そんなことはない。細かくみればいくらでも差異は見つかる。

オーストラリアのアボリジニや南アフリカのホッテントットは、かつて大きな勢力を誇っていたグループの生き残りだろうか？ ポリネシア人は大昔に起きた混交を表す標本になるだろうか？ もしもヒトを対象とする動物学が純粋な人種の一系統を発見できたのであったら、ここに挙げた二つの問いの答えを見つけることにも大きな意味があるだろう。しかしエビデンスの示すところによれば純粋種などというものはなくただ漸進的な変化があるのみであるから、右に挙げたような問いの答えを探す作業は生物学に資するところが全くない。

地域ごとに生じた漸進的な変化は、大きなエスニック・グループに起きれば無数のサブ・グループを作ることになる。ポリネシア人のようなそれ以上分かれることができないようなもともと小さなグループにももちろん同様の変化は生じたはずだ。頭蓋骨の形、肉付きの程度、髪の色や顔つきが変わっていった。形態に基づいてヨーロッパのコーカソイドをさらに北方系、アルペン系、地中海系に分けることもある。北方系は金髪で高身長で細長頭で、ロシア、フィンランド、エストニア、リトアニア、スカンジナビア、オランダ、ベルギー、ドイツ、フランス、イングランドにいる。アルペン系はがっちりしていて髪は暗くて幅広頭で、ドイツとフランスと中央ヨーロッパの高地とルーマニア東部にいる。地中海系は小柄で浅黒くて細長頭で、アドリア海の西のヨーロッパ南部にいる、といった風に。しかしいずれも、その地域に若干の集積傾向がみられるというだけで、ヨーロッパ北部にヨーロッパ南部的な個人がいることは珍しいことでも何でもない。頭指数となればなおさらだ。しかも身体的特徴の集積傾向はヨーロッパを横切るように分布していて、ドイツやフランスの国境線とは関係ない。逆に言えば、どちらの国も南北に長いから北方系もアルペン系も生活していることになる。

あるいは地中海系やアルペン系が多い地域を挙げろと言われれば、ヨーロッパではない国々もかなりの数を並べなくてはならないだろう。アルペン系が多いとされている地帯は地中海系の領域のやや北、ベルト状に東西に広がっている。だからアルペン系ではなくてユーラシア系と呼ばれることもある。ヨーロッパ各民族の身体的特徴についてカールトン・クーンの大著によれば、「アルペン系の地理的分布は壮大であって、フランスから中国まで広がっている。ある程度に似通った体形や顔面の造作が、ユーラシア大陸のほぼ全域に渡って確認される[2]」。

地中海系のうちにはハム族（エジプトに住む人の大半）と、セム族（セム語話者）も含まれる。アラブのベドウィンも、クーンによれば「まったくもって地中海系である[3]」。同じサブ・グループに、ペルシアやアフガニスタンに広がっているイラノアフガン人も含まれるという。

ここまでみれば、人種が国家領土とまったく無関係であると分かってもらえると思う。ドイツの政策を云々しているドイツ人たち、フランスの政治に注文を付けているフランス人たち、あるいはどこの国でも構わないが戦争勝利に向けた路上演説をぶっている人々は、互いの頭蓋骨の形や家系図によって結ばれているのではない。彼らは日々同じ新聞を読んでいるということ、そして召集されれば同じ旗の下に死ぬだろうという点において連帯しているのだ。

コーカサス山脈に住むジョージア農民とかトルキスタンのタジク系住民に、アルペン系のドイツ人が親近感を抱くことはないだろうし、あるいはベドウィンに対して地中海系のイタリア人が神秘的な繋がりを感じることもないだろう。確かに地理的には遠く隔たっているし、文化や習俗もかけ離れている。しかしアルペン系とか地中海系がそれぞれのコミュニティの多数派であるという点では共通項があるわけで、少なくとも身体的特徴が違うからという理由で殺し合うことはなかったはずだ。レイシスト連中が吹き込んだ空疎なドクトリンさえなければ――。

次の章では、様々な身体的特徴の分布のもととなった移民、相互侵略、そして人種混交の歴史についてみてみよう。

第四章　移民および混交について

移民の歴史は人類の歴史と同じくらいに古い。かつて樹上に住んでいた私たちの祖先が地面に降り立った瞬間から絶えざる移動が始まっている。ネアンデルタール人が現代からみて無防備でほとんどサルに近い生き物だとしても、しかし少なくとも火を熾《おこ》すことができたし、石器を作ることもできた。氷河期が始まるころにアフリカからアジア、そしてヨーロッパへと活動域を広げている。ホモ・サピエンスが登場してからの移動はさらに凄まじい。ホモ・サピエンスは文字通り世界中のあらゆる島や大陸に進出した。イングランド西端はもはや地の果てではない。ベーリング海峡を越えて北アメリカ大陸に渡り、そして南アメリカ大陸、さらにその先のティエラ・デル・フエゴ諸島にまで辿り着いた。あるいはオーストラリア大陸に渡り、砂の荒野で生活するようにもなる。まだ農業も畜産も、そして筏船さえなかった時代である。

環境への適応

人類ほどの壮大な移動の歴史をもつ生き物はない。人類ほどに多様な環境のうちに生存する能力をもった生き物もいない。赤道直下の熱帯雨林から北極圏の不毛のツンドラ地帯まで活動領域を広げながら、どうして臓器の形や機能を変えて、すなわち別々の種にヒトは分化しなかったのだろう？　シカを見てみれば、亜北極圏ではトナカイやワピチに、熱帯地方ではアクシスジカなどに分かれているではないか、と。

この問いに答えはなく、ただ驚嘆するほかないのだが、つまるところヒトは自らの身体を変化させることによってではなく発明の才能を発揮することによって環境に適応していったのである。つまり小屋を建てて、身にまとう布を織り、食料を生産する方法を考え出すことによって順応した。身体の変化といえば皮膚色を変化させたことくらいである。黒色の色素沈着は紫外線の害から人体を守るから、強い日光を浴びる熱帯地方の民族にとっては生存上有利だったに違いない。逆に言えば、その他の身体的構造について生存上に有利であったことが証明されているものはない。頭蓋骨の形や髪質、あるいは身長の大小さえも、それ自体が生存上の有利不利を生むことはなかった。しかし生き残りとまったく無関係であったとも言えない。人類は他の何よりも自分たち自身に強い興味を示したから、ネズミであれば何の気にもならないような些細な差異も、それが隣人に生じているとなれば、迫害や排斥の理由となった。ヒトが動物であったなら、まったく取るに足らないほんの小さな違いだったことには変わりないけれども。

初期人類の住んだ世界

身体的差異の地図的な広がりを知るためには、まず歴史に散らばっている事実を掻き集めることから始めてみるのが良い。人類があらゆる大陸に定着しているという事実は、二つの事柄に切り分けることができる。第一には人類が時間をかけて各地に散らばっていったということ、第二には比較的に孤立した状態で定住を始めたということである。つまり人類には移動する力と定住する力の二つが備わっていたことを念頭に置いておく必要がある。

石器時代にはヒト集団はまばらに点在していた。地理的勾配は入り組んでいて、食物となる生物相の分布も一様ではないから、どちらか一方向に移動すればそれだけ生活が豊かになるとか苦しくなるということはない。たとえば五〇キロメートル先までは進むほどに高度が増すため生活は厳しくなる一方で、しかしその山さえ越えれば日当たりはずっと良くなって食料となる小動物も沢山いる、というような地形が考えられる。その場合には、間に五〇キロメートルの空白地帯を置いて二つの別々のコロニーが形成されることになる。外来者の侵入はごく少なかったであろう。それぞれの集団内で何世代にもわたって同系交配が繰り返されて、住民の多くがコロニーから一度も出ることなく死んでいった。つまり無数の独立世界がばらばらに築かれた。

コロニーにあっては互いの生物学的な祖先の大多数が共通していることになるから、ごく低い確率で起きた変化も、内部では普遍的と言っていいくらい皆に共有されることがありうる。すなわち遺伝学的な「変異」に由来する機能や構造の違いが集団内に広まっていく（第五章七七頁を参照）。例えばラップ人は口蓋の中央線に沿った特有の隆起を持つようになり、ペルーに住むインカ人は独特の頭頂間骨を発達させた。

このような地域、すなわち定住と同系交配の繰り返しによって二次的に他のグループから区別されるような特徴化が生じた地域のことを特徴化の中心（area of characterization）と呼ぶ[1]。例を挙げれば、東アジアはつり上がった目の特徴化の中心であるし、インドから西ヨーロッパにかけての広大な領域もウェーブのかかった髪の特徴化の中心である。人類の歴史がまだずっと浅かったころには、移民にも長大な時間がかかるものであって、一部の地域では同系交配が数世紀にわたって繰り返されたと考えられる。遺伝学者の計算によれば、厳密な同系交配を十七世代前後にわたって続ければ「人種の純粋性」が得られるらしい（現代に置き換えてみると、コロンブスの時代から現代まで一人の外来者もなくずっと同系交配を続けるコミュニティ、ということになる）。遺伝学の実験室なら、一組のつがいから生まれた動物同士を交配させ続けることも可能だが、人間社会ではそのようなことは非常に稀である。ごく一部の地域で、完全な同系交配とまでは行かなくとも、似たようなことが起きただろうことまでは否定できないが。

特徴化の中心

特徴化の中心にあったエスニック・グループ間に異種交配が生じた場合に、その時点でまた新たな中心が生じるという点が議論を難しくする。気候変動や敵対部族からの圧力によって定住地域が移動したり外来者がやってきたときには、それまで互いに隔離されていたグループの間で混交が起きる。例えばこれまではホモ・サピエンスと（ヨーロッパに分布し進化的にはサルに近い）ネアンデルタール人の間には混交はなかったと考えられていたけれども、中間的な頭蓋骨の化石が近年発掘されたことによって古い学説は覆された。現在では、現行のヨーロッパ人にネアンデルタール人の痕跡があると主張する学者さえいる。これまでの身体計測学の知見から、旧石器時代以降は近い地域に住むあらゆる人種が異種交配したと分かっている。ある程度に特徴化の進んだグループが外圧によって異種交配するようになり、そこにまた新たな特徴化を生じることがこれまで繰り返されてきたようだ。特徴化の中心は固定したものではなく、絶えず生成消滅してきたのである。

このような特徴化の中心は、現代社会のうちにも数は少ないながら確認される。一例を挙げればピトケアン島がある。一七八九年、タヒチ島から西インド諸島に向かって航海していたイギリス軍艦バウンティ号の副艦長が反乱を起こし、艦長と艦長側の士官一同がボートで太平洋に流された。本国に戻れば処刑されると恐れた反乱側のイギリス人水兵六人は、乗船していたタヒチ人の女性数人とともに無人島であったピトケアン島に向かい、そこに居留地を置き、バウンティ号を解体し島での生活物資とした。かの有名な「バウンティ号の反乱」

である。ピトケアン島が絶海の孤島であったために、目論見通りにイギリス本国からの追及を逃れることができて、しかも漁によって食料も入手可能であったから、イギリス人水兵とタヒチ人女性は文明社会と隔絶したまま島での生活を長く続けることになった。つまり一七九〇年以降、この島では内婚が繰り返されていることになる。

ボーア人とホッテントットの通婚

頻度からすれば、このような地理的隔離よりも社会的隔離の方がずっと多い。そして混交も、先住民族と外部からやってきた白人集団の間に生じるものが現代では一般的となっている。例としては、ボーア人（十七世紀に南アフリカに移住したオランダ人の末裔）とホッテントットの女性の通婚によって生じたバスタード人がいる。同じようにイギリス統治下のインドでも、アングロ・インディアンが生活している。

特徴化の中心が現代にも存在しているという事実は、人種について理解するための前提知識といっていいくらいに重要なものである。最初期の人類は活動範囲を徐々に広げて二つの大陸にまたがるまでになり、環境の良いところがあればそこで増殖したし、あるいは先住していた部族と混じり合って新たな特徴化の中心を形成した。「血」の特徴化と混交のプロセスは大昔からずっと繰り返されているから、オリジナルとなった人体を知ろうとしても徒労である。かりに白骨化した遺体がどこかで発掘されたとしても、「人種」を決める身体的特徴の数々は生物学的に見れば些細なものに過ぎないから、化石となった時点で失われていることがほとんどだ。

大規模な人口集約、世界中からの移民、そして昨日やってきた人々が明日にはまた別の都市へと移っていくような状況は、人類の歴史上で未だかつてなかったことである。特徴化の中心となるには定住と同系交配が相当期間つづくことが必須であるから、山村部はともかくとして、西欧の大都会では固定した人種が生まれるには至らない。――もしも私たちの住む大都会が特徴化の中心となるとしたら、それは国家組織や国際組織になにか大変な破綻が生じて、ベルリンとかロンドンから一歩でも外に出れば命が危ないというような状況になったときだろうか。その危険な情勢が何世代にもわたって続けば、当初は多種多彩であった都市内部の人口構成も次第に単調になっていって、固定した新人種とでもいえるものを生み出すかもしれない。

ここまでに述べたように、人種の歴史は特徴化と混交のサイクルにほかならない。だから一部で喧伝されているような、始祖となる特別な人種が過去どこかに存在していたとか、いまもどこかに存在しているなどと信仰しているようではいけない。人類の歴史に勝手な脚色を加えてはならない。あるがままに受け取らなくてはならないのだ。生物学者のジュリアン・ハクスリーは以下のように書いている。

「人類を他の動物種と区別してユニークなものとしているのは、既に分化したグループとも盛んに交配するところである。すなわち、ヒト同士の『共通祖先』と同じくらいかそれ以上に、『複数祖先』について考えておくことがグループの性質や起源を捉えるために重要である」(2)

フランク族とフランス人

交通の発達と政治的・宗教的な圧力を理由として、現代のヨーロッパやアメリカではこれまでにはありえなかった速さで人口が移動する。しかし本質のところに新しいものはない。これまで何世紀にもわたって続いてきたことだ。ゲルマン人やフランス人、アメリカ人の先祖について軽薄な言葉を並べるよりも先に、まずはエスニック・グループの起源が単純ではなくいつも複雑に絡まり合ってきたことをよく認識しておかなくてはならない。

「フランク族はフランス人の祖先である」。こんな書き出しの本を読んでヴォルテールはその著者に手紙を出している。

「友よ、一体だれがそんなことを」

フランク族は、六世紀前後にガリア地方を押さえていた「野蛮な」チュートン人[*1]の小分派の一つに過ぎない。フランク族は確かにフランスという国名のもとにはなっているが、活動範囲は今のドイツ領土にも及んでいた。あるいは別の観点からは、一時期は「文明を破壊する」と言われたほどの勢力を誇っていながら、後にはガリア地方の人口全体のうちに吸収されていった。数多くの民族が入り乱れて現在のフランスの人口構成の源流となっているなかで、フランク族は細波くらいの存在に過ぎない。旧石器時代のガリアは、南アジア・北アフリカ・スペインまで分布を広げていた民族のもとにあった。新石器時代になれば地中海系と初期のアルペン系が東からやってきて、紀元前七世紀には北方からケルト人の侵入があった。紀元前一世紀には現在のデンマーク付近からベルガエ族とキンブリ族を先陣とした攻勢があり、その後長くローマ帝国によって押しとどめられて、紀元後一世紀にはヴァンダル族がガリア北部を支配するようになる。同じころにはガリア南部からスペイン半島にかかる領域に西ゴート族の王国が建てられて、その後も数百年にわたって隆盛を誇ることになる。五世紀ころのローマ帝国の「没落」のときには、フランク族が現在のフランス国土の大半を、そしてゴート族がプロヴァンス南部を支配していて、そこにアッティラ大王に率いられたフン族の軍勢が押し寄せてきたのだ。

現代のフランスで地域ごとに特徴的な顔つきや体形が見られるのは、大昔にそれぞれ異なった特徴化の中心からばらばらの民族が進出してきた名残であるともいえる（政治権力の取り決めた現代の国境線によってその内部で人種が均一化されていることはない）。ドルドーニュ県やピレネー山脈の山村に特徴的な体つきは旧石器時代からずっとそこに住んでいた人々に由来するのかもしれない。地中海沿岸部には背が低くて浅黒い細長頭のいわゆる地中海系が中心だし、サヴォワ県やブルターニュの山岳地帯にはアルペン系が目につき、そして中南部では幅広頭がずっと多い。ノルマンディよりも北に行けば、特にセーヌ川の河口域では北方系と呼ばれるようなタイプが集中している。いずれの地方でも、住民皆がその体形というわけではないし、特徴的な体つきがあったとしても、そこでしか見られないものではない（陸の孤島であるローヌ渓谷は唯一の例外で、古くからの農民が同系交配を繰り返しているためにかなり均一化されている）。

人種が絡み合うように歴史を紡いできたのはフランスだけではない。ドイツではさらにこの傾向が強い。特にドイツ東部の歴史を考えるには、フランスにはあまり登場しなかったスラヴ人についても考え合わせる必要がある。特徴化の中心はポーランド東部にあって、三世紀ころまでスラヴ人は現在のドイツ東部の全体に広がっていた。後からやってきたゲルマン系移住者の言語が発達したために忘れられがちだが、この地方の身体的特徴はかなりの部分がスラヴ的なままで推移している。ドイツ東部の多くの街がロシアよりもよほどスラヴ的である。

＊1　古代ゲルマン人の一派で、ユトランド半島を中心に居住していた。紀元前二世紀ころより徐々に南下を始めた。

アメリカ大陸での混交

移民と混交はフランスやドイツだけの話ではない。ヨーロッパだけの話でもない。アジアやアフリカ大陸でも同じことが起きた。あるいは南北アメリカ大陸における混交がコロンブスによって突然始まったかのように思われているとしたら、それは少なくともかなりの部分、歴史を学ばずに自分の目で物事を見ているための思い違いである。かりに「旧世界」における人種混交の歴史を三〇分のフィルム映画に凝縮したなら、それを観たアメリカ人は「なんだペンシルベニアとかミネソタで起きたことと同じじゃないか」と思うことだろう。ペンシルベニア州は十七世紀初頭までオランダの植民地で、住民はオランダ系やドイツ系（「ペンシルベニア・ダッチ」）が中心だったけれども、次第にケルト系・ラテン系・スラヴ系・北方系との混交が進んで現在に至っている。ミネソタ州の初期移民であるスウェーデン系住民についても同じ物語があった。アメリカ合衆国でも特定の鼻の形とか金髪碧眼が一部の地域に集中しているということもないではないが、アメリカでは人種の混じり合っていくプロセスが火を見るよりも明らかであるから、カリフォルニア州とオハイオ州で頭指数を較べようだとか、イリノイ州とペンシルベニア州で皮膚色を比較しようだとかの試みが胡散臭いものだと市民はすぐに気が付く。そんな計測数値をどれだけ集めても生物学的意義なんてないと、ぱっと気づくことができるのだ。ドイツ政府が喧伝する「人種」も、フランス人が誇りにしている「人種」も、どちらも水膨れしたような土台しかなくて、そしてやはり生物学的に無意味である。

ヨーロッパでもアメリカと同じように、同じ地域に住めば人々の「血」は混じり合ったし、子孫は父方からも母方からも受け継ぐものがあった。人種が混じり合ったために文明の進歩が止まったことなどこれまで一度もない。しかも人類の歴史を通じてずっと続いてきたことであるから、民族が交流することを善であるか悪であるかと議論したところで得られるものは何もない。もちろん、時々の条件によって時代の変化が「善い」方向に向かったことも、「悪い」方向に向かったこともあるだろう。しかしそれは「血の混ざること」とは関係がない。それをあくまでも言い立てるようなら、自分に不利な証拠を無視して、手前勝手に難癖をつけているだけと言わざるを得ない。

〈民族衛生〉とローマ帝国

手前勝手な議論の最たる例は、五世紀ころローマ帝国の凋落を説明するためにローマ人が持ち出した「偉大な帝国が衰えたのは野蛮人がやってきたせいだ」という決めつけである。ローマ自由人は、その間およそ二〇〇年間にわたって進んだ自分たちの政治的・経済的な弱体化の原因について内省することをしなかった。カタストロフを全て野蛮人のせいにして、それで済まそうとした。同じことがギリシャ・ローマ時代の復興を目指した十四世紀以降のルネサンス期にも繰り返された。大昔の公式がまた持ち出されてきて、古典時代の文明が破壊されたのはすべてヴァンダル族の仕業で、彼ら野蛮人のせいで八百年もの暗黒時代が始まったのだ、と唱えられた（現代でも「ヴァンダリズム」といえば、残虐な破壊行為一般を指す常套句である）。

ルネサンスから時代がさらに下って、昨今のヨーロッパには自分たちがチュートン人の末裔であることに誇りを持つ人々も出てきたようだ。今度は「チュートン人こそ不毛の時代に終止符を打った」などと謳われている。ギリシャ・ローマの時代はなよなよした退廃的な時代であって、若くて荒々しいチュートン人がそれを攻め滅ぼしたからこそ新時代が開かれたのだ、と。明らかに矛盾しているのだけれど、彼らチュートン主義のレイシストたちの宣伝によれば、現代人が学び取るべきは「血が混じったためにローマ帝国は滅びた」ことらしい。それで混交を禁止する法律なども作ろうというわけだ。チュートン主義のレイシストにとってローマ帝国の凋落は、〈民族衛生〉の必要を教える処世訓の一篇に過ぎないようだ。

歴史を学べばもっと別なものが見えてくる。もしローマが民族衛生をいって時間の流れを凍らせようとしていたなら、打ち寄せる波を押し返そうとしたカヌート王のような姿を見せることになったであろう。帝国が堂々と咲き誇っていたときには異邦の地にまで進出して、そして異境の民族をローマ文化に染め上げたものだった。その時にはまさに「世界の女王」だった。そのローマ帝国も内紛に明け暮れて、先見の明を欠いた指導者が権力を弄《もてあそ》ぶようになったために徐々に威信を失っていく。皇帝たちが人種の混交を禁止する法を作ったところで威信の低下することを押しとどめられたはずがないし、リーダーシップの劣化を食い止めることもできなかっただろう。真の問題は内政にあったのだから、やってきたチュートン人は漁夫の利を得たに過ぎない。ほんの数世紀前まで、チュートン人は帝国の武力の前にひれ伏すしかない存在だったのだから。帝国の絶頂のときにも、失意のどん底のときも、ローマ帝国の領土のうちに混交はずっと続いていた。レイシストの歴史認識は、つまり端的に言って滑稽である。

民族衛生プログラムのために行われている過剰な宣伝は歴史学的なエビデンスを欠いている。歴史を大切にするはずの愛国者たちが歴史を無視していて、民族が交わることの害を説いている。ドイツでは、日本人とだったら結婚しても汚れないがユダヤ人とだと汚れる、などの風説が流布されている。アメリカでも、北方系の祖先をもつなら南欧系の移民とは子供を作らないようにと言われることがある。インド人と交わることは白人の優越性を貶《おとし》める行為だと考えるイギリス人もいた。異人種間で結ばれた男女とその子供は差別されて社会資源を奪われてしまうから、経済的に貧しく教育程度も低い環境に置かれてしまう。だから人種の混交にどのような害悪があるのかと反問されることはない——子供たちの状態が、何よりも雄弁に真実を語っているように見えてしまう。しかし子供たちが劣悪な環境に追いやられるのは混交の生物学的な結末ではなくて、あくまでも現代社会が垂れながす害毒である。

カラー・ラインを超えた混交であってさえ、その子供たちが偉大な成功や進歩を手にしてきたことは歴史の証明するところである。例えばアラブ人はコーカソイド系でおおむね肌が白いけれども、ムスリムは異人種との結婚を差別することがなかったから、男たちは各地域で先住民族と自由に交わっていった。その子供たちが北アフリカ全体に広がっていくつもの巨大な王国を築いている。十六世紀にはスーダン西部で栄華を誇ったボルヌー帝国があった。人種の混交によって大きな政治的リーダーシップが現れて、巨万の富と高度な文明を生み出した一例である。

現代社会の例を見てもやはり同じで、悪い結果を生じたことはない。人種隔離の風習をもたないハワイではどの男女が愛し合っても不道徳とはされないし、結婚式を挙げる教会もなにも言わない。生まれた子供たちが差別に晒されることもない。能力があればそれに見合った地位に就くこともできる。州知事の披露宴にも、大学のダンス・パーティにもカラー・ラインは存在しない。この慣習のためにハワイの文化的発展が抑制されているなどということもない[3]。

ハーフ・カーストの出現

ここまでをまとめると、ハーフ・カースト（half-caste）[*2]の出現が何も特別なことではないということになる。だから現に存在している社会の構造的差別については、その内実をよく検証してみるだけの価値があるだろう。——自分が所属しているのではない社会に出かけていって、第三者として物事を見聞きすることを人類学者は訓練される。そのようなフィールド・ワークの経験をした観察者のほとんどが、支配層の「人種」も、もし被支配側の環境に置かれたなら大半が落第者の烙印を押されることになるだろうと発言している。レイシズムの強い社会では、たとえば欧亜混血《ユーラジアン》や欧阿混血《ユーラフリカン》は階級制の外部に置かれて、父や母の親族からさえ関係性を絶たれてしまう。ハーフの子供を育てるための資源や機会はそれだけ乏しくなる。手札が少ない状態から人生が始まる。結果として、ハーフの子供は大きくなってからも「そういうひと」用の仕事にしか就けないことになる。現代では世界中でこのような構造的差別がまかり通っている。確かに、一部の白人が貧困家庭に生まれながらも血の滲むような努力をして立派な地位を掴むように、ハーフ・カーストの子供が階級制を駆け上がることもないではない。しかし注目を集めるのは少数例で、その陰には差別の構造によってスラムに閉じ込められた子供たちが無数に、人知れず転がっているのだ。

良い子孫を残すには健全な身体と健全な精神をもつ親が必要だと考えるまではよい。世界人口をみてその四分の一を無作為にとったとき、そこにはあらゆる人種が含まれる。だから人類の子孫をより良くしようとするのなら、そのために行うべきは人種の隔離ではないはずだ。「良い」祖先という言葉は、現代ではレイシスト風の意味をもつようになってしまっていて、心身の健康からみれば相当に劣っている先達も含まれている。よく知られているように、家系のうちにハンディキャップをもつひとがいても、子供が成りあがっていくことは稀ではない。しかし家系の問題と、社会情況によるハンディキャップは分けて考える必要がある。ハーフ・カーストは、祖先が健康かつ優秀であったなら生まれた時点の心身はやはり健康なのであって、ハンディキャップが生じるとしたらそれは社会的なものである。ジュリアン・ハクスリーが言ったように、「世間で言われているようにハーフ・カーストの人間が劣っているとしても、それは社会の不穏当な雰囲気の産物である。混血であることの生物学的効果と考えるのはかなり無理がある」(4)。

混交が社会的なアドバンテージを生むこともあれば、感染症の伝播を通じて社会を恐怖に陥れることもあった。害悪であると社会から指さされることもあったし、過剰反応した一部の人々が異民族を避けたり、子供たちが結婚するのを嘆き悲しんだりもした。しかし大陸上を民族が移動しながら互いに混じり合っていくことは前史時代からずっと続いていることである。混交それ自体が悪であるなどと証明されたことはないし、これからもされないままだろう。歪めた世界に生活するのではいけない。レイシズムが生み出した苦い果実は数多い。混交が劣等なものを生み出すというドクトリンはその中でも特に忌まわしいものである。

＊2　異なるルーツをもつ父母から生まれた子供ないし成人のこと。「混血児」と訳される場合もあるが、個人よりも社会的集合として注目するときに使われる言葉である。

第五章　遺伝とは何か

遺伝とは、様々な形質が親世代から次の世代へと伝わることである。「先祖代々のアメリカ人」であろうと、その他の「アングロサクソン人」であろうとも変わらない。生物学的な祖先から伝わったものだけが遺伝である。二人のひとをみたとき、その祖先に多少とも似た部分もあるにしても、大半の身体的・生理学的な性質は異なっているはずだ。要するに別人たちである。そして祖先が違えば、遺伝されてくるものも違う。

「アーリア人」として、アングロサクソン人として、あるいはユダヤ人として自らの遺伝について言い立てる人物がいたとして、その発言に生物学的な意味はない。第一に、自分と血縁関係にないあまりにも多数の人々を一括りに祖先としてしまっている。そして第二に、実際に祖先である先人について、そこに様々なタイプの人間が含まれていることが無視されている。

何が、どのように遺伝するか

野生動物を種に分けるときには、生殖が成り立つかどうかを基準にするのが通例である。もしも異なるグループ間でヒトの生殖が成立しないなら、グループごとの遺伝を謳うことにも多少の意味はある。アカシカの祖先は必ずアカシカであって、その中にヘラジカはいないだろう。しかしここまでの章でみてきたように、この意味でヒト内部に種が分かれることはない。体つきや顔つきの異なった人間が交わったからといって、不健康な子供が生まれるわけではない。だからやはり一括りに先祖を云々することは不適切である。

遺伝のプロセスを動かしているのは精密な生物学的法則である。しかもそれは既にかなり詳しく調べられていて、遺伝法則の多くが定式化されている。ヨーロッパの国々で過去に言われた、あるいは現代でももしかしたら言われている「人種の遺伝」なるものは神話世界のおとぎ話であって、根も葉もないことである。たとえ遺伝学者が言っているのだとしても「人種」とはやはり抽象化の産物に過ぎない。人種がセックスをするわけではないし、子供を産むのでもない。

何が遺伝するか、そしてどのように遺伝するかを研究するのが遺伝学という学問である。その第一の基礎は一八五九年に発表されたダーウィンの『種の起源』にあるけれども、近代遺伝学のはじまりはメンデルによるエンドウマメの研究にあると一般には考えられている。メンデルの研究は『種の起源』が出版されたすぐ後に行われたもので、これが学界に知られるようになったのは一九〇〇年のことである。メンデルが観察したものには、当時の進化論者が予想したものとは一部矛盾する所見が含まれていた。

初期の進化論者は、遺伝によって均一なブレンドが生じるだろうと考えていた。つまり父と母をそれぞれ一瓶の水と一瓶のインクとして、それを混ぜ合わせてできるのは均質な色水であろう、というように。しかしこれは過度の単純化であった。メンデルの観察によって、両性生殖という現象がもっと複雑であることが明らかになった。インクと水を混ぜ合わせるというよりも、二山のビー玉から半分ずつ取って新しく一山のビー玉をつくることに近い。そしてこのビー玉（形質）が選び出されるプロセスについて、特別な統計的法則が作用するのだ。メンデルのエンドウマメ実験は、私たちにこの法則性をかなり詳しく伝えてくれる。ヒトの遺伝についてまだ謎のままになっていることが多いとしても、それを解決するためにまずは動植物の研究から導かれた遺伝の法則性についてよく理解しておく必要があるだろう。

メンデルの実験

メンデルはまず、エンドウマメの草丈が高いもの同士、低いもの同士で何世代にもわたって交配を続けて、実験の下準備をした。

そうしてそれぞれの性質について純系のマメを得た後に、背の高いマメと低いマメを掛け合わせてみると、生じたマメは全て背の高いマメであった。さらにこのマメ同士を掛け合わせると今度は、四分の三は背が高くて、もう四分の一は背が低かった。こうして生まれた背の低いマメ同士を掛け合わせても、必ず背の低いマメばかりが生じるのだった。まるで、それまでに背の高い祖先などまったく存在さえしていなかったかのように。

この交配実験を何度も繰り返すうちに、草丈の高低（あるいは種子が緑であるか黄色であるか、種子に皺があるかないか）などの性質が、どちらか一方のみ表面化して、そして表れなかった方についてもその情報が世代ごとに保持されていることが分かった。このような性質のペアを生物学では対立形質という。表れでた方の形質が「顕性」で、表れなかった方が「潜性」である。[*1] 子の世代に表れなかった潜性の形質も、孫世代には伝わっていく。

＊1　顕性／潜性の原語はdominant/recessive。かつては優性／劣性と訳されていたが、道徳的な優劣と紛らわしいため訳語が変更された。

メンデルの法則㈠

これを定式化してみよう。純系のエンドウマメの雄株には、背を高くする因子（すなわち遺伝子gene）が二重にふくまれている（背の高さ＝ＴＡＬＬＮＥＳＳから頭文字をとって、これをＴＴと表す）。そして純系の雌株には潜性の遺伝子が二重にふくまれている（背の低さ＝ｄｗａｒｆｎｅｓｓからとって、これをｄｄと表す）。背の高さは顕性であるので、第一世代（Ｆ１）のマメには全て、背を高くする遺伝子と低くする遺伝子が一つずつ含まれている（Ｔｄと表す）。背の低さが表出はしないながらも次世代には伝わることが分かる。

ではこの次の世代（Ｆ２）はどうなるだろうか。——例え話をしてみよう。赤いマッチ箱と青いマッチ箱がある。マッチ箱にはそれぞれ長いマッチ棒と短いマッチ棒が一本ずつ入っている。二つの箱からマッチ棒を一本ずつ取るとして、どのような組み合わせがありうるだろうか。マッチ棒の組み合わせは、長長・長短・短長・短短の四つである。赤いマッチ箱をＦ１の雄株、青いマッチ箱をＦ１の雌株、長いマッチ棒をＴ、短いマッチ棒をｄに置き換えてみれば、つまり第二世代のエンドウマメがとりうる遺伝的な組み合わせはＴＴ・Ｔｄ・ｄＴ・ｄｄである。

Ｔが顕性であるから、最初の三つのグループは背が高くなって、見た目上はＴＴと区別がつかない。これが、メンデルのＦ２マメの四分の三は背が高くて、のこり四分の一は背が低かった理由である。

雄株F1 ＼ 雌株F1	高	低
高	F2：高 高	F2：低 高
低	F2：高 低	F2：低 低

※太字は顕性を、細字は潜性を表す。

図1

メンデルの法則㈡

メンデルはさらに、一種類の対立形質のペアだけではなくて、二つの対立形質のペアについても交配実験を行った。具体的には背が高くて（ＴＡＬＬ）黄色（ＹＥＬＬＯＷ）のマメと、背が低くて（ｄｗａｒｆ）緑色（ｇｒｅｅｎ）のマメをＦ１として、交配させた（なお実の色について、黄色は顕性、緑色は潜性である）。さて、Ｆ２のマメでは、黄色は背の高

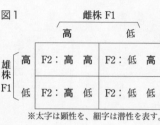

図2

雄株 F1 ＼ 雌株 F1	高 黄	高 緑	低 黄	低 緑
高 黄	F2 高 黄／高 黄	F2 高 緑／高 黄	F2 低 黄／高 黄	F2 低 緑／高 黄
高 緑	F2 高 黄／高 緑	F2 高 緑／高 緑	F2 低 黄／高 緑	F2 低 緑／高 緑
低 黄	F2 高 黄／低 黄	F2 高 緑／低 黄	F2 低 黄／低 黄	F2 低 緑／低 黄
低 緑	F2 高 黄／低 緑	F2 高 緑／低 緑	F2 低 黄／低 緑	F2 低 緑／低 緑

※太字は顕性を、細字は潜性を表す。

さと、緑色は背の低さとペアになったままだろうか？　答えはノーだった。F2におけるそれぞれの形質は、またもマッチ棒のように、それぞれ独立に分布した。

ペアになった形質の組み合わせがそのままで遺伝するなら、つまり一対の対立形質として振る舞うなら、F2で得られたマメの数の比をとれば4の倍数がでるはずだ。しかし実際に得られた数の比は、16の倍数であった。つまり二種類の対立形質がそれぞれ別々に動いたということが分かる。具体的に見てみよう。背が高くて黄色（TでY）のマメが9個、背が高くて緑色（Tでg）が3個、背が低くて黄色（dでY）が3個、背が低くて緑色（dでg）が1個とれた。いうならば父が「TでY」、母が「dでg」だったのに、子供であるF2のマメ16個のうち、6個は親にはなかった形質を備えていた。このように、それぞれの形質は独立して伝わる。

　ヒトの遺伝についてはまだ分かっていないことが多いけれども、それでも一部はこれらの法則性で十分に説明できる。長頭と金髪が北方系の特徴で、短頭と黒髪がアルペン系の特徴とされてきたが、その中で長頭かつ黒髪のひとがいることも、あるいは短頭かつ金髪のひとがいることも、もはや神秘現象ではない。現代ヨーロッパでの身体的特徴の分布を、大昔の祖先たちの様々なタイプが混交した結果として理解できるようになったのだ。

「おおもとの」人種？

　単位となる形質の数が多いほど、後の世代に生じうる組み合わせのバリエーションも増える。たとえばヒトに10の形質があったときに、どの形質についても子が親と異なっているような組み合わせは１０２２通りもある（２の10乗＝１０２４から、親の一対を引くと１０２２通り）。ヒトの形質はもちろん、10どころではなくてもっとたくさんある。ヒトの生殖細胞が数えきれないほどのバリエーションを親から受け継いだものの上に加えることが分かるだろう。

　純粋なる人種があるだろうかという問いは、現代の遺伝学によって新しい視座を得たことになる。「おおもとの」人種の身体がどんなものであったかと、今でも世界中に出かけて身体計測を繰り返している学者もいるけれど、はっきり言ってしまえば徒労である。遺伝の法則性にしたがって考えれば、北欧らしさも中近東らしさも、互いに別々に形成されていったものではなくて、あくまでも混交の結果としてそうなったことになる。始祖となった大昔の人種とまったく同じ身体的特徴が現代に保たれているなどありえないことだとも分かるだろう。もし純粋人種の身体的特徴一覧のようなものを提出する論者がいるとしても、それは遺伝学というよりも、彼の手元にある集めたデータを切り貼りしただけの代物である。

純粋性という皮肉

父と母の身体タイプが違えば、その子供に表れる特徴は父とも母とも違うようになる。ところで父と母のタイプがまったく同じであったなら、子供に表れるものもまったく同じになるだろうか。そのような現象は、これまで一度として報告されていない。同じ父母から生まれた兄弟さえまったく等しい身体を持っていることはない。たとえ周囲との交流が極端に少ないコミュニティの内部であっても、やはり遺伝的には複数の系統があって、それが子供たちに表れていることになる。

コミュニティ内の全個体が同じ形質を持っているという意味では、純粋な人種というものがこれまで記録されたことはない。純粋性という言葉の意味を、遺伝的形質が兄弟姉妹（つまり同じ親から生まれた同胞）の間で共有されているくらいにとるなら、不可能ではないかもしれない。グループ内で内婚が繰り返されてきたため同胞内で遺伝形質のほとんどが共通となるような場合である。これは例えば、白人がやってくるまで数百年にわたって遺伝的に隔離されていた亜北極帯のイヌイットであればありうる。あるいは陸の孤島であるテネシー渓谷に長年生活している白人、南アフリカのバスタード人、マレー島嶼群にあるキサール島でも無理ではない。バスタード人はごく少数のヨーロッパ人入植者とホッテントットの女性から始まっているし、キサール島ではオランダ人入植者とマレー人の女性からコミュニティが生まれて、しかも外部との交流は少なかった。つまり同胞が遺伝的にかなり近いことになる。バスタード人やキサール人の同胞内の差異は、テネシー渓谷の白人のそれよりも大きいのは確かだ。これはもとになった二つの系統の差がより大きいためであるが、いずれにせよその後に内婚が繰り返されたことによって均質性はかなり高くなっている。

人類学の研究において、ここの四群は均質性という点で一つの指標になるだろうと思う。ヨーロッパの都市部では決して生じない現象である。現代の大都市ではそれぞれの家系が互いにほとんど無関係で、同胞一名の身体計測から別の同胞の体つきを推測することなどとてもできない。意味のある形で「純粋な」人種について論じるのであれば、右に述べたようなコミュニティについて語ることになる。ヨーロッパの都市部に純粋な人種が存在しないことは自明であろう。しかしそのような地域に生活する人々に限って、純粋性の概念で互いの優劣を決めつけあったり、あるいは殺し合うことさえしているのは、歴史の悲しい皮肉としか言いようがない。

変異による新形質

近年では、遺伝現象について新たな知見も得られている。その一つが、変異（mutation）による新しい形質の出現である。例えばウシやハエなどの生物で、それまでの遺伝的な蓄えのうちになかった形質が突然に表れて、しかもそれが子孫に伝わっていくということがある。変異によって生じた形質が、私たちの生活に深くかかわっている例もある。立派な角をもったヘレフォード種のウシは、アメリカとカナダで肉用牛としてかつて多く飼育されていた。一八八九年のある日、カンザスの牧場で角なしの仔牛が生まれる。畜産農家にとって牛の角は百害あって一利なしなので、この牧場のブリーダーは角なしのヘレフォードが生まれたことの利点をすぐに見抜いて、大いに繁殖させた。そしてこれが他の牧場にも広がり、現在ではこの無角ヘレフォード種が主流の品種となっている。

変異現象の存在は、現在では議論の余地がないことである。特別な環境下では変異の頻度が上昇することまで分かっている。標高の高い土地では自然放射線量が多いために変異が多くて、しかも同じ現象を実験室でX線照射によって再現することまでできる。

獲得形質は遺伝しない

かつての進化学者は、新しい形質が作られたり伝えられたりすることについて、まったく異なる考え方をしていた。例えばダーウィンは、後天的に獲得された形質が遺伝すると信じていた。つまりキリンは高いところの葉っぱを取ろうとして首を長くして、それが遺伝によって次の世代に伝わることで、キリンが種全体として首を長くしたのだろうと考えた。あるいは暗い洞窟に生息している魚は見ることを忘れて、そのことが次の世代にも伝えられたために種全体として視力を失ったと考えた。ヒトについても同じように、両親が生まれてから身につけた様々な性質が子供に遺伝するだろうとされていた。

しかし現代の遺伝学は精密な実験を繰り返して「獲得形質の遺伝は起きない」ことを証明した。ダーウィンの時代の学者たちが誤っていたことが明らかになった。新しい形質が生じるのは変異のためである。変異のうちごく一部は、その個体にとってのアドバンテージになる。様々な人種にそれぞれ異なる身体的特徴がみられるのは、有利だった変異が人類史の初めのころ、定住と内婚の「特徴化の中心」において広い人口集団に広まったためである。逆に言えば、祖先の「偉大な業績」がその子孫にも遺伝すると考えるのは正しくない。遺伝は文明の栄光に関係しない。たとえ科学の発展だろうと、煌《きら》びやかな美術を創り上げたことの栄誉であろうと同じことだ。先人の叡知を伝えるのは氏ではなく育ちである。

第六章　どの人種が最も優れているのだろうか

人種についての科学的研究は私たちに多くを教えてくれる。記憶も記録もないほどの大昔に起きた大規模な移民について、異民族の混交について、そして国家について。人類学はその創成期からずっと、世界各地の先住民から、あるいはその遺跡や埋葬された骨から資料をとって研究してきた。そのうちのどれ一つとして、人種間の優劣を裏付けるものはなかった。先駆者であったテオドール・ヴァイツは一八五九年にこの問いを取り上げている。あるいは最近ではフランツ・ボアズも。どの研究も「優劣は無い」というエビデンスを差し出している。

それでもなお、自分が優れているか劣っているかの問いは、ひとの心から離れることがない。自分の気がかりにしていることだけでは飽き足らなくて、「優秀」という言葉のうちにこの世界のすべてを押し込んでしまう。新しく入手されたのがどんな情報であろうとも、自分の信じるところを支持してはくれないだろうかと、ためつすがめつ眺めてしまうのだ。人種だけではない。宗教、階級、性別、国籍……いずれもが宣告を下すための素材になる。十九世紀中ごろ以降、世界中の民族についての知識が多く手に入るようになると、様々な論者が生来的な優劣を決定しようと頭を捻ってきた。主戦場となったのは生理学、心理学、そして歴史学である。

生理学の領域で

初期の進化論者は、ヒトの進化は一直線に進んだものであって、その行きついた先が白色人種であると考えていた。彼らにとって進化のプロセスは梯子のようなもので、その梯子を一段一段と登ることがサルからより高等な存在へと進歩することであった。そしてサルは幅広の低い鼻をしているから、似たような鼻をしているアフリカの部族民やアメリカ黒人、オーストラリア先住民もサルに近いのだろうと推論されたし、逆に高く突き出た鼻をもつヨーロッパ人はよりサルから遠いところにいると主張された。

しかし過去に単線的な進化があったとする説は、ここ五〇年間に積み重なったサルやヒトの解剖学についての知見によって覆された。類人猿とヒトのいずれも、特色化は各地で各年代にばらばらに生じていて一直線に進んだものではない。サルとヒトの身体を区別する最大の違いは体毛の量であろうか。ヒトで最も体毛が薄いのはモンゴロイドであって、最も濃いのは白人かオーストラリア先住民である。あるいは類人猿はかなり薄い口唇をしているが、その点で最もサルから遠くて「人間的」なのはネグロイドの厚い唇である。唇をみる限り白人の方がよほど「原始的」だ。体毛と唇について見ただけでも、サルから単線的に進化が進んで白人が生まれたのではないということが分かる。進化の頂点に立つ人種など存在しないし、たまたま白人に表れている特徴の一つを取り出してそれを優等性の証拠だと論じたてることなど、まったく馬鹿げている。

初期の議論のうちで重要だったのは、脳容積によって優等性が現れるとした主張であろう。サルは前頭部が後退していて脳は小さい。そしてヒトは前額が前に出ていて、その分だけ脳が大きい。ここから論を進めて、脳が大きいほど進化が進んでいるのではないか、と考えたわけである。

脳の平均重量と総体重の比を取ると、ネグロイドよりモンゴロイドが大きく、そしてモンゴロイドより白人が少し大きい。これはあくまでも平均における差であって、個々の例を比べるとこの通りにならないことがよくある。そもそも差の絶対値もかなり小さい。ピグミー族を除けば、あらゆる人種で脳重量はかなり狭い範囲に分布している。人種間の違いは、ヒトと類人猿の間にある脳重量のギャップに比べればとても小さい。ブーレの研究によれば類人猿の最大の脳重量は六二一ccで、ネグロイドは一四七七cc、パリ市民は一五五〇ccだった。[1]あるいはカール・ピアソンによればヨーロッパ人男性の平均脳容量は一四四〇cc（ブーレが計算したネグロイドの平均に近い）、ネグロイドは一三五〇ccだった。[2]人種間での差が、生物種間での差に比べてずっと小さいということが分かる。極端な低身長を呈するピグミー族だけがこの例外であるが、これは単純に体全体が小さいから脳も小さいというだけのことで、総体重との比をみれば大差ない。しかも脳が小さいというだけで精神まで劣っていると言い切ってしまうのは論理の飛躍である。

おおよそ同程度の体格をした人種同士で比べれば、脳のサイズに決定的な違いはない。逆に言えば、脳の大きさだけで人種を決定することはできない。あるいは言い方を変えれば、脳重量について個人差はとても大きいとしても、人種間で平均値の差は小さい、ということになる。脳が大きい順に世界中の人々を一列に並べたとしたら、上位四分の一にはあらゆる国や民族の人々が含まれることになるだろう。どうしても脳の大きさにこだわりたいなら、脳の大きい人口集団をえこひいきするのでもいいかもしれないが、果たしてそのことにどれほどの意味があるだろうか。

脳の大きさと機能

個体レベルでの優等性が脳の大きさで分かるかどうかも、実のところかなり疑わしい。著名なヨーロッパ人のうちにも、脳がそれほど大きくないひともいる。真の問題は脳の大きさだけではなくて、それがどのように機能しているかである。脳機能は有機的であって、大きさだけでは測ることができない。むしろ脳回（脳表面の粗大な凹凸）による脳表面積の方が重要であるようだ。脳の顕微解剖学的な個体差については今のところ何も知られていないと言っていいし、人種差についてはなおさらである。おおよそ同等の体格をした人種間で有意な差がない以上、その他のヒト臓器の研究と同様に、問題になるのは構造と機能の関係性である。

日常生活を送る中で、私たちはそれぞれの臓器が時と場合によってその働き方を微調整することをよく知っている。大きな病気でもしない限り、私たちは一つの心臓、一組の肺を青春期の終わりから老年期に至るまでずっと動かしていくのだが、その機能する様子には日々かなりの変化がある。山登りをすれば鼓動は速くなり、呼吸は浅くなる。あるいは眠っているときには心臓はゆっくりと打ち、肺の動きも穏やかになる。一夏を高地で過ごすとか、あるいは冬の間を暖かい土地で暮らすことがあれば、一過性ではない適応が生じる。いずれも心臓とか肺の構造そのものが変化したのではない。生物の臓器には必ず一定の安全域が備わっていて、その範囲内で生理機能がたえず調整されているのだ。

私はなにも特別なことを言っているわけではなくて、これは誰もが日々を送る中で当たり前に知っていることである。人口集団を比較するときにも同じことを考えに入れる必要がある。基礎代謝の高いグループもあれば、低いグループもある。しかしそれでも環境への適応が妨げられているということはない。視力は多くの人口集団でそれほど大きくは変わらないけれども、野生生活を送っている部族の人々は、白人の探検者からするとまるで双眼鏡を内蔵しているかのようである。生活環境に合わせて、ごく僅かな変化を捕まえられるように訓練されているのだ。私たちはそれをまるで奇蹟のようだと感じる。しかし彼らにしてみれば、私たち白人が紙に書きつけられたアルファベットの些細な違いを区別していることこそ奇蹟にみえる。結局のところ、人間のそれぞれのグループを分けているものは臓器そのものではなくて、習慣的動作の中でそれをどのように活用しているかである。

脳も例外ではない。同じ脳の構造をもっていてもひとによって全く違ったように使うだろう。それまでに培った習慣や経験が異なるためである。遺伝によって決まる脳の構造と、後天的に学習された脳の機能を区別しないのは、見当外れかつ有害無益である。

ピグミー族の危機

ここまでピグミー族とその周縁の部族は除いて話をしてきた。この極端に低身長の人々が現代の都市文明の中でうまくやっていけるかどうかというのは、実のところかなりアカデミックな問題であって、現実的な問いではない。ピグミーは絶滅の危機に瀕しているためである。

アフリカ大陸への白人入植者と牧畜業者のために、無理矢理にピグミーは荒れた山や砂漠へと押しやられてしまった。マルヴィナ・ホフマンがみたようなブッシュマンの一家をみたら、誰だって時計を巻き戻したいと思うのではないか。昔ながらの生活には攻撃的なところがなくて、ずっと優しい。地を覆う岩々には狩りの景色が描かれている。まるで精霊が降りてきたかのようだ。それでも白人の言うことを聞かなかったというだけで殺されてしまう。ピグミーは白人の侵入に抵抗した。

白人たちはそうなると、もう交渉を試みることさえなくなって、ピグミーが視野に入るだけで撃ち殺すようになってしまった。まるで自分たちが「天地を司るもの」であるかのように。殺戮に加担しなかったのはごく少数だった。偶然その地に流れ着いた者は、白人の管理者にとってピグミー殺害が日常のルーチン・ワークになっていることに驚愕した。「均整の取れた身体が、私たちを先導して、歩き、ときに走り出す。精悍で、堂々とした足取り。小さくて繊細な顔立ちをしているけれども、美しい肉体が堂々と、男らしく大地を踏む。自由であることの自覚が顔つきのうちに備わっていて、それをみる悦びは、とても書き表せないほどだった」(3)。——こんな記録を残したのは、外からやってきた旅行者たった一人である。彼らアフリカの先住民たちが機械文明に適応するのは難しいかもしれない。しかし頭蓋骨の容量がどうであろうと、それは決して人類の退化した姿ではない。

心理学の領域で

人種を互いに引き較べるときに、何らかの心理検査をやってみようと考えるのは、脳サイズをただ比べることよりは筋がよさそうだ。少なくとも、実際の問題である脳機能そのものを見ることになる。この四半世紀、種々の人種グループや国籍グループを対象にして知能を定量化する試みが繰り返されてきた。

ほとんどの知能テストはアメリカで開発実施された。第一次大戦のアメリカ外征軍を対象にしたテストは、合衆国のあらゆる地域および階級から相当数の被験者が集まったことから、理想的なサンプル集団を得ることができた。テスト成績は大まかな人種、国籍ごと（黒人、ユダヤ系、イギリス系、イタリア系など）にまとめられて、平均の「精神年齢」も算出された。結果はかなりはっきりしていた。精神年齢の白人平均は一三・一歳、黒人は一〇・四歳で、重複はわずか一二パーセントだった。(4) 白人の中ではポーランド系が最下位で、イタリア系がその次だった。

一連の軍隊テストは、その後も長く続く論争の種となった。学者たちの最初の反応は「とうとう知能が遺伝するということがはっきりしたぞ」というものである。初期の研究に携わっていたターマンは、ビネー式知能検査を純粋に先天的な知能を見ることができる検査、つまり教育年数などによらない生来的な知能を測るものとして記述している。あるいはブリガムはヨーロッパからの移民出身地別の成績をみて、ヨーロッパ北部に祖先をもつひとはアルペン系や地中海系に比べて知能が高いと考えた。二人とも黒人の成績の低さを遺伝的・先天的な劣等性のためであると結論付けている。

知能テストの妥当性

しかしこの一〇年に進んだ研究によって、初期の解釈に対して疑問が挟まれるようになった。知能テストにはいくつかの種類があって、中には語彙能力を測定の大項目としているものもある。語彙検査に現れる単語や、あるいは検査者の指示に使われた言葉は日常的な語彙ではない。言うまでもなく、その種類のテストは家庭で英語を使っている被験者に有利で、そうでない者には不利である。教育機会の少なかったアメリカ黒人や移民してきて間もない集団、あるいは両親が外国生まれである場合などでは、皆テストを受ける前からハンディを負っていたことになる。当然これらは先天的な能力とは関係がない。これではテスト成績が生まれ持った知能を表していると言うことはできない。

さらに別の問題もあった。二つのグループが同じくらいに真面目にテストを受けなければ、結果を比較することができないのだ。日本人・中国人（白人の知能を一〇〇として九九の成績だった）と、黒人・メキシコ系・インディアンを比べて、ガースは後者に「白人検査者がどれほど真剣にテストを実施しているかが伝わらなかった」可能性を指摘している。[5] スタンフォード・ビネー式知能検査の答案用紙を一生懸命に埋めるような行為が、普段の生活で重要と考えられていなかったためである。

先住民族の伝統的態度

テストに全力を傾けるかどうかの他にも、各グループにそれぞれ特有の問題もあった。特にインディアンは、自分が完全に自信と根拠をもっているのでない限り軽々しく質問に回答しないように躾けられているものだ。学校に通う白人児童が、ちょっとくらい不確かでも気にしないで答えるように指導されるのとは正反対である。だから先住民族の出身者が私たちから見て極度に慎み深かったり、質問に答えるのに後ろ向きだったりはぐらかすようだったりするのは、断言できるほどの自信と根拠がまだ固まっていないことを表しているのであって、それを白人の子供たちの反応と同じ意味にとることはできない。どんなテストを受けたかということについても、その一字一句を再現できるのでなければ先住民族出身者は語ろうとしない。あるいは見たことのない「窓付き封筒」が一枚映り込んでいただけで、絵について説明することを止めてしまう。

ダコタ州の先住民族が「答えを知らないものがその場にいるときには答えを言わない」という彼らの伝統的態度を示したために試験がうまくいかなかったとも、クラインバーグは報告している(6)。同じ席に首長や上部カーストのひとがいるだけでテスト成績が大きく歪んでしまう場合もある。丁寧さや礼儀についての考え方が大きく異なっている二つの文化の間では、テストの成績を単純に比べることには無理があった。

色彩感覚の違い

さらに問題は山積みだった。同じ色のものを並べるテスト課題では、バリ島出身者は「きれいな色の帯」を作ることに専念して、テスト作成者が意図したようにはまったく進まなかった。バリ島では色彩感覚が非常に洗練されているから、同じ色を揃えるだけの行為はまったく無意味に映ったのだろう。「美しい色のアレンジメント」を示すことの方がずっと優れているものとして、代わりに実行されたのだった。

色彩については、文化や社会によって色の分け方が異なっていることもテスト実施上の障壁になった。言語によってたとえば「緑」と「黄色」を分けるラインが違う。「濃い緑」と「明るい緑」に分けられていることもある。明るい緑も黄色も共に「若葉の色」、濃い緑も青も共に「日陰の水の色」と呼ばれているようなこともあった。それぞれの呼び方にそうなるだけの理由や経緯があって、それを英語圏に住む英語話者が作ったスケールで一様に点数化することはできない。

言葉遊びの能力

色彩テストについての混乱はまだ理解しやすい方で、例えばサモア諸島出身者が「反対の言葉」を並べる試験で著しい高得点を取っていたことなどもあった。サモア文化では言葉遊びに、つまり洒落や比喩、語呂合わせに幼いうちから触れさせるためらしい。それ以外の言語能力を測る課題ではやはり枠組みに乗れずに、バリ島出身者が色合わせをできなかったようにほとんど得点することがなかった。

北部出身者と南部出身者

右に挙げたような一連の理由から、知能試験の一律実施というシステムがどうやら怪しいということや、それが生まれつきの能力ではなくて教育の成果を測っているものらしいというところまでは一般に受け入れられるようになった。しかし人種による成績差という点ではその後も議論が続いた。

地方ごとに、白色人種も黒色人種も得点が違うことは成績一覧をみれば明らかだった。そうすると、成績の差が出身地によるものなのか、あるいは人種によるものなのかが問題になってくる。ある研究者が、南部出身の白人と、北部出身の黒人の成績を表にした——結果は驚くべきものだった。中央値をみると、南部の白人の方が北部の黒人よりも点数で劣っていたのだ。[7]

白人

ミシシッピ州	四一・二五
ケンタッキー州	四一・五〇

アーカンソー州　四一・五五

黒人
ニューヨーク州　四五・〇二
イリノイ州　四七・三五
オハイオ州　四九・五〇

こうして、人種ごとに知能の優劣があるという当初の解釈には、決定的な誤りがあることが判明した。合衆国の黒人は大半が南部に住んでいる。彼らの知能指数が低いのは黒人だ<u>からではなく、南部人だから</u>だと分かったのだ。支配的立場にいるはずの白色人種も、一部の南部の州、つまり一人当たりの教育費への公的支出が少ない地域で育つと知能テストの成績が悪かった。教育への公的支出が少ない州では、統計上も、あるいは旅行者が一目見るだけでも明らかなように、生活全般が貧弱である。

人種ごとに生来的な能力差があるという通説を疑い始めた研究者は、さらなる調査に乗り出した。ナッシュビル、シカゴ、ニューヨーク市で、今度は外征軍ではなく子供たちに知能検査を実施した。結果は、ナッシュビルでは黒人の成績が白人より大幅に悪く、シカゴではやや悪く、ニューヨークでは黒人と白人で成績は一緒だった。同じ調査がロサンゼルス（黒人が少なく、白人と同じ学校で教育されていた）でも行われた。南部に住んでいた黒人の子供の平均IQは七五であるが、ロサンゼルスでは一〇四・七で、「比較対象となった白人の子供よりわずかに高いくらいだった」[8]。つまり知能検査の結果は、先天的な能力ではなくて、どれくらい教育を受ける機会があったかを反映したものであった。

選択的移住説

一部の論者は、能力の高いひとだけが北部や西海岸に移住したのだから、最初の解釈は誤っていないと主張した。いわゆる選択的移住説である。この説明が真実であるか確かめるため、さらなる調査が行われた。南部の黒人学校の記録を調べて、北部に移った生徒が転出前に成績優秀であったなら選択的移住説が支持されることになる。しかし結果はその逆で、転出していった生徒の成績の平均は、全体の平均と一致していたのだ[9]。

さらにニューヨーク市でも調査が行われた。もしも秀才だけがニューヨークにやってきたのだったら、転入してからの期間は知能テストの得点とは関係がないはずだ。しかしここでも選択的移住説は否定されることになる。もっともIQが低いグループは移住してきて日の浅い集団で、逆に教育環境の良いニューヨーク市に生活していた期間が長いほどIQは高くなる傾向が確認されたのだった。さらに踏み込んで、後から移住してきたグループは先に住んでいたグループよりもともと劣っていたのかと調べられたけれども、これもやはり否定された。むしろ後からやってきた集団の方が成績は良いくらいだった。

人種間の差異と個体差

すべての調査結果が、テスト成績と社会的・教育的アドバンテージの相関を表していた。アメリカ合衆国において白人と黒人が同等の教育を受けられるような地域はないながらも、それでも二つの環境が近づくほどに黒色人種の「劣等性」は消えていくのだった。

知能の研究者はこうして、その結果の解釈について一九二〇年代から大きく方向を変えることになった。ソーンダイクが一九一四年に言ったように「(人種や国籍ごとのIQのような) ファクトは、教育の程度に影響されて分かれた複数の集団に対する計測結果である。しかし教育がどの程度に影響しているかは不明であるし、集団がどのくらい分離されているかも不明である[10]」。人種間の知能差を決定することに研究者としての生涯の大半を捧げた、ガースのような研究者もいた。彼の著作は人種差を強調するような論議で頻繁に引用されていたのだが、三〇年代に入るとそのガースも大きく方向転換している。「当初は知的プロセスについてはっきりとした人種差があることに静かな自信があった」けれども、様々な心理検査の報告を読み込むうちに「フェアな検査で〝劣等人種〟の存在を証明するものは何一つないのだから、これ以上議論を続けてももはや意味がない」と結論するようになった[11]。著書『人種間の差異』で知られるクラインバーグも知能検査について以下のように言い切っている。「知能検査は学習成果を測るには良い手法だとしても、グループ間の先天的な能力差を測るには無効である。同じ人種グループ内であっても、背景因子によって顕著な成績差が生じるためである。つまりテストの成績差は人種ごとの知能の差異ではなく、それ以外の要因によって生じている」[12]。一九二二年に北方系がアルペン系および地中海系よりも優れていると述べていたブリガムも、一九三〇年にはそれまでの主張を撤回している。「既存のテストでは、多様な国籍および人種グループについての比較研究はできないようだ……特に、私自身がこれまでに述べてきたような人種差についての知見は、すべて砂上の楼閣だった」[13]

そのため現在の知能テスト実施者は、主に学校教育の成果を測ったデータが収集されているものと想定している。よい点数を取るには生まれつきの能力に加えて、それに応じた適切な教育が必要となる。遺伝と環境の両方にそれぞれの役割があるのだ。問題となるのは、この遺伝因子が人種ごとに「定数」となっているかどうかである。今日では、テスト成績に影響する遺伝因子は確かにあるにせよ、それは人種のような大きな単位で受け渡されるものではないと考えられている。生物学者H・J・ミュラーが言ったように「真に重要な特性においては、人種間の差異は、個体間の差異に比べてずっと小さい。効果があまりに小さくて、現代の遺伝学ではとても捉えることができないくらいだ」[14]。知能の個体差は（人種を問わず）皆にあるとしても、一人ひとりに適切かつ持続的な機会を保障するプログラムがあれば、肌の色にかかわらず、その目的は達成されるだろうと考えられている。

優秀な個体に注目すると

テスト自体にある程度の妥当性があったにせよ、その結果を人種ごとに切り分けて解釈する手法は誤りだった。例え話として、質のいい肉牛を繁殖させようとしている畜産家がいるとしよう。他の牛よりも丁寧に育てたり、たっぷりと餌をやったりするだけの価値がある牛を見つけ出そうとしている。この畜産家は、牛が育った環境を抜きにして種牛としての適性を測るようなことはないだろう。あるいは最良の種牛候補であっても、良くない飼育環境に入れられたり、十分なケアを受けることができなかったりすれば、交尾もしないでふてくされてしまうだけだと知っているはずだ。しかし畜産家である限り、それでも良い牛を育てる方法があることを忘れないだろうし、そのための努力を怠ることもないだろう。畜産家からすれば、生育環境を無視して人種差を言い立てるような心理テストの結果解釈には納得できないに違いない。あるいは育種の点から言えば、良い成績を出す個体が一つでもあるなら、他の個体がどうであろうと手塩にかけてみるだけの価値があることになる。きめの細かい筋肉をたっぷりと身にまとった肉牛が一頭でも生まれたなら、それを大切に育て上げればまた次の世代に数頭の良い仔牛を残してくれるのだから。

だからもしこの問題に真摯に取り組もうとするなら、熱心な畜産家と同じように、全体平均よりもむしろ、特別に優秀な個体に注目するべきである。知能についていえば、成功の個別例は単に興味深いというだけでなくて、真実にずっと近い。ピンター式非言語検査では、サンタ・フェの学校に通う、両親ともにインディアンである一二歳女児がＩＱ一四五を記録したことがある。白人平均よりも四五ポイント高く、先住民族平均より七〇ポイントも高い。全国知能テストではサン・アントニオの公立学校に通うメキシコ系の少年が同じくＩＱ一四五を記録した。メキシコ系児童の平均よりも六七ポイント高い(15)。先住民族やメキシコ系住民が今日のアメリカでおかれているような苦しい状況にあってもなお、そのような素晴らしい成績を残す個人を生み出したのだから、そのもとになった集団も決して不良品の集まりではないと分かるだろう。どのような人口集団であってもその内部で一人ひとりの能力には差があるものである。優れた個人が血統のために冷遇されるようだと、その社会は弱体化していく一方である。

歴史学の領域で

民族に優劣があるということが、誤った歴史認識に基づいて言い立てられていることもある。文明の興亡は人種構成の変遷によって全部説明できる、という考え方もそれに近い。著名な歴史家の多くがこれまでそのような歴史学の誤用に反対してきた。個別の論争に深入りする必要もないかもしれない。例えば十二世紀から十三世紀にかけて西欧世界とイスラム圏の接触によって生じた学問や芸術の発展や、あるいは十八世紀から十九世紀の近代化はどうだろう。そこには無数の利害関係や政治的な思惑が絡み合っていて、人種構成の変化も数ある要因の一つに過ぎない。

しかしドイツ政府内のレイシストが実行しつつある政策は、まさに似非歴史学に基づいている。「アーリア人」と「非アーリア人」の混交に非現実的な刑罰を科して〈民族衛生〉を達成することの価値に、まるで歴史的な根拠でもあるかのように宣伝している。第三帝国の政治家や教育関係者は、純粋人種でいることが偉大な文明を築くために必須であって、そのことがこれまで秘匿されてきたのだと繰り返している。しかし実際には、高度な文明がこれまで単一の人種で築かれたことは一度としてない。いやむしろ、民族同士の盛んな交流と混交があったからこそ文明が発展したのだといってもいいくらいだ。人種の混交は大昔から、人類の歴史が記録されるよりもずっと前から続いてきた。文明が発展した時代にも、あるいは後退した時代にも続いていた。エスニック・グループが互いに交わることで決定的な堕落が生じるなどありえない話である。

レイシストの論法の一変種として「あらゆる発展は白人によって成し遂げられた」という話がある。インド、中国、メソポタミア、エジプト、あらゆる地域で、人口や文物の交流は一切関係なく、白色人種に備わった優等性のみによって発展が生じたとする説である。白色人種のうちでも特に北方系が優秀と喧伝されることが一般的である。古代ギリシャ人や古代ローマ人もその大半は北方系ではないのだが、ごく一部いた北方系の功績によって偉大となったのだ、などとされる。

レイシストの誇大妄想

この種の手前勝手な議論については、これまでの章でも取り上げた。歴史家はこのような史実の歪曲に何度となく反論をしている。現代に続く文明は複数のエスニック・グループの潮流が合流したところに生まれたものである。しかもあらゆる文明の基礎が築かれた年代にヨーロッパはまだ野蛮の地であったし、北方系の民は文化の中心にその名前さえ知られていなかった。レイシストの論法は歴史を無視しているし、厚顔無恥な誇大妄想といっていい。

さらに言えば「ごく一部の北方系の功績によって文明が発展した」という考えは「純粋」人種の話と真っ向から対立している。一握りの白色人種のために文明が発達したというなら、多数派との間に少なくとも知識や文化のやり取りがあったことになる。レイシストは矛盾を気にしないどころか、このときに限って、むしろ交流が文明の発達に寄与したのだと言う。滑稽話のようである。白色人種に歴史を通じて受け継がれている素晴らしき知性と情緒によって文明全体が花開いたのだ、と。チュートン人（あるいは北方系）はいつも忠誠を美徳としていて、勇敢で、つねに征服する側に立っていたという。過去のどの年代、未来のどの時点でもこの美質はただ私たち、だ、け、に受け継がれている、云々。

歴史それ自体が、スケールの大きな反証を差し出している。白色人種が生まれつき優秀だと騒いでいるレイシストは、一方で白色人種全体によって達成されたものを提示することがない。いつも自分が所属している白色人種の一派だけが語られる。中央ヨーロッパや南ヨーロッパの農民も、貴族政治や巨大都市と同じく白人文化の一部であるけれども、客観的に見れば、「原始的」とされている黒色人種やモンゴロイドに比べてずっと「遅れている」。あるいはテネシー州やケンタッキー州の高い山に定住したスコットランド系イギリス人たちは、北方系ではあっても文明のリーダーになったわけではない。終わりのない血縁同士の反目、識字率の低さ、古いバラッドが今でも歌われている様子はまるで絵画のようだが、それが人類の発展に寄与したということはない。

北方系に限ってみても辻褄の合わないことばかりだ。ドイツ政府内のレイシストが北方系について演説する時には、スカンジナビア半島、イングランド、フランスやアメリカに住む北方系は無視される。ドイツ在住の北方系だけが立派だと言われる。そしてその間、フランスのレイシストはフランス在住の北方系について語る。あるいは北方系ではなくて、立派なのはガロ・ローマ人だ、と。ケルト人でもアルペン系でもいい。そこに一貫した論理があることは稀である。

歴史の教える通り、条件さえ揃えばどんな民族であっても時には冒険者、時には侵略者となる。美徳とされているものは、時代や社会状況を変えればどの民族にも現れうる。人種ごとに特有の精神性があるという御高説もやはり否定されている。ヨーロッパにおける人種構成の変化はとてもゆっくりで、人々の急激な行動変容を説明するには追いつかない。処女王エリザベスやシェイクスピアがいた華やかなイングランドは、数十年のうちにクロムウェルの独裁、血なまぐさい時代へと変わった。サミュエル・ピープスの日記に描かれた王政復古もまた、十八世紀には幕を下ろしている。一連の転換について、政治的ないし社会的な原因を求めることはできるにせよ、人種構成の変化にその根拠を求めるのには無理がある。イングランドだけではなくてスペインやフランス、あるいはドイツないしイタリアでも同じことである。民族に備わった気質などと言われているものは「時代の空気」でいかようにも変わってしまう。

日本の近代化

ここまでに述べたことはヨーロッパ以外の国々にもよく当てはまる。例えば日本は、人種構成という点ではヨーロッパよりもさらに安定的だった。東洋世界のうちに何百年にもわたって存在していた国が、十九世紀のたった数十年間のうちに西洋世界に「回れ右」で仲間入りした。この過程には熱烈な努力があったのは確かだけれども、人種構成の大枠が変わったわけではない。

一九〇三年に宣教師シドニー・L・ギューリックが『日本人の進化』で書き表しているの

は、社会情勢の変遷に伴う日本人のメンタリティの変化である。ギューリックのこの指摘は現代にもそのまま通用する。かつてル・ボンは日本人の生物学的性質を以下のように書き表しているが、あまりに早計で浅薄であるというほかない。「黒奴を学士となし弁護士となすに難からざれども、然しながらこは単に表面上の上塗りに過ぎずして、その心的組織には何等の改変をも与へたるものにあらざるなり。泰西人士の思考の形式、論理法、就中《なかんずく》その性格は、独り遺伝によりてのみ之を造ることを得るが故に、如何なる教育も之を授くること能《あた》はざるものとす(16)*1」

しかし現在ではどうだろうか、むしろ日本人は西欧社会の精力をすっかり吸い尽くしてしまったかのように言われている。ル・ボン流に言えば「心的組織が解剖的特徴と同じように不変一定」などではないと示しているではないか。この矛盾をやり過ごすため、何十年か前には移り気で優柔不断であることが日本人の「心的組織」であるとされていた。日本の近代化への歩みがはっきりしてからはそのような記述もほとんど見かけなくなった。そもそも一五〇〇年もの長きにわたって軍隊的社会機構を保ってきた国民に、移り気という描写が当てはまるかは疑問である。日本のかつての社会機構は、その固定性と安定性の点でヨーロッパの封建制と同等であった。日本人が生まれつきに移り気で優柔不断であると観察したのは、十九世紀末にドラスティックに転回しつつあった社会になんとか適応しようとする人々の一瞬の姿を見たからであろう。

＊1　仏語の原文では「d'un nègre ou d'un Japonais（黒人や日本人）」となっているところ、邦訳書では「黒奴」とだけ訳出されている。

東洋精神と日本

日本人について言われたことのもう一つは、儀式や祭礼ばかりやっていて合理的な西洋人とは正反対である、というようなことだろう。十九世紀中葉の詩人エドウィン・アーノルドは当時の日本人を「人間というよりも蝶や鳥に近い」[＊2]と評している。しかし今では、日本人はむしろヨーロッパ人よりがつがつしていて貪欲ということになっている。近代日本の追求するものが西欧世界のそれと重なるようになったからこその認識だろう。

日本文化にはかつて、祭礼と一体になった悠然とした生活、美しいものの尊重、そして封建制と軍隊的なカースト制があった。それが近代以降には、騒がしい貿易や帝国主義的戦争へと「回れ右」した。この転回はまったく人為的なものに違いない。排外的な政策によって西洋世界をいつまでも遠ざけておくことはできないと気づくと、日本は新たな道を取ることを決意した。学び取れるものはすべて学び取って、そうして平等な地位を得ようとしたのだ。

そうして一八六八年、日本のエンペラーは新しい〈啓蒙〉の時代に――日本ではそう呼ばれていた――勅令を発している。「旧来の陋習を破り……智識を世界に求め、大いに皇基を振起すべし」と。[*3] この社会体制の変更は相当な熱意をもって実行に移され、そしてその残響は、日本の発展の様々な側面に今でも見てとることができる。それまでは「東洋精神」であったにもかかわらず、日本の発展は急速に進んだ。日本に住む人々がモンゴロイドであることについてはこの間に変わっていないから、ル・ボンの言葉は否定されたことになる。――「二国の人民を雑種せしむるは、これ直ちにその物的組織と心的組織とを変更せしむるものなり。加之《しかのみならず》その雑種は一国人民の性格を根本的に変改する唯一の道となる。何となれば遺伝に対して抵抗し得る力あるものは、唯遺伝のみに限らるればなり(17)」

＊2　London Daily Mail August 11th, 1899

＊3　明治天皇による、いわゆる「御誓文」のこと。その前にある〈啓蒙 enlightened〉は、おそらく「文明開化」のことを言っているのだろう。

精神も変化する

白人文化との間で摩擦が起きたようなときには、たとえその地域で人種構成の変化がなくても、それまでの精神的・情緒的な立ち居振る舞いは急速かつ大胆に変わってしまうものである。日本人に限ったことではない。北アメリカ大陸の草原に暮らしていた先住民族もそうだった。かつては誇り高く恐れを知らない闘士として、あるいはその機知、勇気、雄弁と寛大さで、新大陸を探検する者たちの尊敬を集めていた。しかし後からやってきた白人入植者がバッファローを次から次へと撃ち殺したために、大陸の先住民族は主なタンパク源を失ってしまう。大昔からの土地も奪われた。白人は一方で先住民族を戦争の手先として利用しながら、また一方では彼らが勇敢であるのをいいことに、反抗行為に乗じて徹底的な攻撃を加えた。そうして、アメリカ大陸に大昔から続いていた文化は、藁の家のように吹かれて飛んだ。たった一世代のうちに、独立独歩の気風は失われてしまった。「受け継がれた魂」はもはや何も生みだしはしなかった。生気のない酔っ払い、あるいは物乞いと蔑まれながら、今では居留地に押し込まれている。

もちろん例外もあった。しかしいずれにせよ同じくらいに極端な精神性の変化を伴っていた。かつての行動パターンは、倫理や精神を打ち砕かれた先住民族にとってはもう使い物にならなかった。そしてこれと同じことが、近代という時代になんとか適応したあらゆる民族に生じたのだった。

アフリカからの奴隷連行

最もドラスティックな例は、奴隷としてアフリカ大陸から連れてこられた人々の最初の一、二世代に起きた変化だろうか。ほとんどはナイジェリア王国の出身者であった。王国では祭典を含む高度な政治組織があって、経済圏は広く、活発な貿易が行われていた。壮麗な法廷では裁く人間だけではなくて訴えを上げた人間や事件の目撃者まで交えた公判が行われていた──研究者であれば誰でも畏敬の念を抱くに違いない。現代ではナイジェリアの皮肉の利いた民話や、リズミカルな踊り、そして美しい木製彫刻はヨーロッパの芸術家から羨望の眼差しを向けられている。

しかし連行されてきた人たちがその文化をアメリカに持ち込むことは許されなかった。船で送られてきた奴隷たちは、文化的なものの一切を身ぐるみ剝がされた。そして南部の貧しい白人と同じく、アメリカで奴隷たちはまるで熱心なキリスト教復興論者のように教会に集まるようになり、やはり貧しい白人たちの讃美歌を歌うようになった。歌をずっと上手に歌ったり、あるいは数えきれないほどの変奏を創り出すこともあったが、そのたびに故郷の旋律は忘れられていった。

アメリカで奴隷が置かれた状況はあまりに悲惨であったから、文化が失われたことなど当たり前と思われるかもしれない。奴隷船にまるで牛のように積荷されて、アメリカについてからは船内での区画ごとに売り買いされた。だからプランテーションで働く奴隷は、もともとの言葉や生活習慣が全く異なる部族の出身者から構成されることになった。労働も過酷だった。奴隷たちにもともとの文化など一つもないと奴隷主が思ったのも無理のないことである。しかし奴隷貿易の末路をアフリカ人の生来的な性質と考えるのは誤りである。アメリカ大陸でアフリカの文化が枯れてしまったことには、そうならざるを得ない理由があったのだ。

文明は移り変わる

前進とみえるか後退とみえるかは別にして、急速かつ大がかりな精神・情緒面での変化はしばしば生じるものだ。この事実は、レイシストによる生来的かつ絶対不変の行動パターンが存在するという主張への反証となる。社会の状況や需要に応じて、一度起きた変化が取り消されることもあるし、あるいはかつての様式に復帰することさえある。

レイシストのうちでも過激なものはさらに極端な論争を仕掛けてくることがある。「白人が一番〝進んだ文明〟なのだから白人の〝血〟が一番優れているんだ」と。これはつい先ほど取り上げた主張と明らかに辻褄があっていない。高度な文明は白人全体の特徴ではなくて、白人が住む地域のごく一部にみられる現象だからである。文明の発達していく様子を考えるためには歴史上の事実に基づくべきであって、生物学の議論をしても仕方がない。そして歴史は、生物学のようにそう簡単な答えを差し出してくれることはない。文化の進んでいく方式に何かの法則がある訳ではないのだ。

コーカサス人もマレー人もモンゴル人もみな、その文明には絶頂の時期もあれば安定期もあり、そして衰退期もあった。だから現在がコーカサス人の文明が支配的になっている年代であるとしても、それはコーカサス人が特別に優れていることの証明にはならない。この数世紀にわたる白人文明の特徴的な方向性――物質世界の統御――は、現代を支配することに成功したけれども、しかし将来どうなるかは誰にもわからない。文明によって発明されたもののうちには、私たちの力ではとてもコントロールできないもの、誰一人の利益にもならないだろうものまで含まれてしまっている。これ自体、西洋文明がそうと気づいていない知能テストの一種ではないだろうか。大きな文明を創り上げながら、ほんの少し知性が足りなかったために凄惨な自己破壊をして歴史の海に沈んでいく、私たちはその第一例になるかもしれない。

「偉大なる唯一人」説

ここまでに見てきたところで、人種に優劣があるとする考え方のほとんどが否定されたことになる。彼らの背水の陣としてこんな主張が飛び出して来たらどうだろう。つまり、数は少ないながら特別に優秀な一部のコーカサス人がいて、彼らに関してのみ他の人種の誰よりも優れている、そういう人たちが偉大な指導者や発明家であるのだからやはりコーカサス人の良き未来は約束されている、と。この理論を支持する根拠として、ハンキンス教授は脳サイズ、脳重量、そして過去の知能テストの人種論的解釈しか挙げていない[18]。これらが今日の科学からみてとるに足らないものであることは、ここまでに見てきた通りである。しかし今でも時々だが耳にする。ハンキンス教授は以下のように語っている。「集団内に優秀な個人の生まれる頻度は、文化発展に対してその集団が果たす役割を決めるにあたって最も重要で

ある」(19)

この「偉大なる唯一人《グレート・マン》」説は、カーライルによって広まった。しかしやはり現在では不適切であるとか、少なくともあまりにナイーブな議論であると考えられている。「長い目で見れば、すべてのコミュニティ、国家、民族が、より知的に、より有能に、より倫理的になっていく」と一九二一年には言われていたが、*4 現在も同じように考えている社会科学者はいない。多くの人々がそう願っているのは事実であろうし、それ自体は尊いことであるにしても、しかし実際そうなるかどうかは社会が何に権威を与えるか次第である。いま国家を指揮している人物たちを見ている限り、二〇年前に予想されたような人類の進歩は生じていないようだ。もし仮に（権力の座にしがみつく能力という点で）彼らが「優秀な個人」であるとしても、しかしそれが文明を前進させているとは言えまい。

私たちの世代において、国家やコミュニティは、より力のある側の武器によって踏みにじられている。そしてこれまでに積み重なってきた文化の数々は、その武器の威力に抑えつけられている。文化を荒廃から救うことができるような指導者が出てくるかどうかは、指導者の生まれた人種とは本質的に無関係である。ドイツ政府に優秀な指導者が出てくるかどうかとか、中国に無能な指導者が現れるだろうかとか、人種はそのような疑問への答えにはならない。人類の歴史を一言で言い表してくれるような言葉はない。文明の発展を願うなら「偉大なる唯一人」を期待してはいけないのだ。

＊4 Conklin, Edwin Grant, *The Direction of Human Evolution*, 1921, p.45

どうして文化はそれぞれに異なっているのか

それでもなおフランス人とドイツ人、中国人とヨーロッパ人は明らかに別物のように思えるのはどうしてだろうか？ 人々の集団をそれぞれ異なったものにしているプロセスについてはっきりと理解しないでいるうちには、いつまた「人種」で何もかもを説明してしまうことの谷底に落ちてしまうかわからない。

ヒトは他の動物と比べて、ずっと広い可能性を秘めている。鳥が泥で巣を作るか、あるいは小枝で作るかは確かに遺伝によって決定されることだろう。しかし人間が何を考えてどんな行動をとるかは、遺伝よりも環境によって決められている。遺伝によって生活のすべてが枠付けされることはなくて、その点で人間の行為はすべて人工的であると言ってもいい。「本能」を観察することは、ひとが幼少期を経て大人になった姿、そしてその大人がとる一つひとつの具体的な行為を通してのみ可能である。遺伝によって受け継がれた傾向性ももちろんあるだろうけれども、しかし鳥とか蟻とかのように生まれてから死ぬまでのすべてを運命づけられていることはない。人類がこれまで成し遂げてきたことはすべてこの事実を基礎にしている。一人ひとりが学習を重ねながら変化していくことは、ライオンの強靭さよりも、そして象の大きさよりも確かな武器となって人類全体を守るものとなった。そしてこのことが知性の発展にまさに必要なものであった。

変わりうるということこそ、人間が第一に誇りに思うべきことではないか。それによって他のどんな動物よりも適切に、そして迅速に変化に反応することができるのだから。誰もいない未開の地に行けば独立独行の探検者になるだろうし、工業化した大都市にいるのであればたった一つの動作を八時間にわたって繰り返すこともできる（職にありつけたとすれば）。このアメリカという国では父が探検者であっても、その子が機械作業者になっていることも珍しくない。その機械作業者の息子は、教育を受けて良い成績を収めて、図書館と講義室を往復する生活のうちに哲学とか社会科学の研究書を著すかもしれない。遺伝は親から子に伝わっていくにしても、子供たちが実際にどう成長していくかは、その子供が置かれた環境によって決まっていく。

しかし環境が個人に与える影響は、実際には寿命の制約を受ける。旧約聖書に謳われた「人生七〇年」は短い。世代ごとに伝わるような特別な影響力を文明が持つまでにときに数百年かかることを考え合わせれば、なおのこと短い。

社会人類学の研究対象

文明が数百年とか、あるいはたった二世代でもいいが、それだけの時間をかけて生活のスタイルを形成していく間に、それよりずっと小さな単位の社会が一人ひとりを型枠に嵌め込んでしまう。ヒトは群生動物であるから、周りからの評価をいつも気にしている。衣食住が満たされるとすぐに、人間は自分の所属する社会が推奨している形で尊敬を獲得しようとする。領土拡大を良しとする社会であれば、一人ひとりが侵略者になる。富の蓄積を良しとする社会であれば、一人ひとりが人生の成功をドルとかセントの単位で測るようになるだろう。カースト制を良しとする社会であれば、一挙手一投足を自分の出自に沿って取り決めるように一人ひとりがなっていく。確かに、いつの時代にも異議申し立てをするひとはいる。抵抗する者として、蔑まれながらも自分の信じる芸術に献身したり、あるいは専制君主が否定された時代に専制君主を目指したりする。激動の時代には、特にそのような抵抗者の一群が目につくようになる。しかし結局のところは、人間の大多数《マジョリティ》はその文化制度に沿った振る舞いをする。

この文化制度を研究対象としているのが社会人類学である。どんな小さな部族であっても独自の褒賞の仕組みをもっているものであって、部族内部の一つひとつの制度はその目指すべきゴールに達するように後押ししてくれる。勇猛果敢になることがゴールとされるなら、部族の個々人の性格は打たれ強く、そして豪胆なものとなっていくだろう。農場に作物をたくさん実らせることがゴールとされるなら、勤勉かつ根気強い性格が養われていく。ゴールは多種多様である。ほとんどの社会はその内側に複数のゴールを併存させていて、しかもそれぞれの目標が両立可能になっている。どのようなゴールだろうとも、そしてそれを後押しする制度がどうであろうとも、社会の決めたゴールによって人間の行動は修正されていく。グレートプレーンズ西部に生活する先住民諸族の無骨な個人主義と、アリゾナに住むプエブロ族の優しさ穏やかさは対極的である。社会生活をどのようにアレンジするか、個人に与えられる機会をどうやって調整するかについての二つの文化の差異から、部族としての性質の違いが形づくられていった。コルテスがメキシコで遭遇した高度な文明を築いた民族と、カリフォルニアとコロラドに挟まれた地域で根菜や種を集めながら細々と生活している人々の違いもやはりそうだ。人種という点ではどちらも同一であって、差異を作ったのはあくまでも人々が生きている文化である。

自由と平等と発展

私たちの文化もより原始的な文化も同じく、その時々によって目指すべき目標を僅かずつ変化させる。ペリクレスの時代にはアテネ自由人には相当の自由が与えられていた。広く学芸に秀でていること、彫刻や劇作に優れていることが人間のあるべき姿とされた。そうしてアテネという小さな町でたった二世代のうちに、今でも私たちを驚かせる古典劇や彫像作品が残されることになった。そのうちに時が流れて、社会も変わった。文明の松明《たいまつ》を持って走ったのは、肌や眼の色や頭部の形ではなく、「歴史の幸運な偶然」であった。

発展のための条件がそろう地域は、時代とともに移り変わっていく。たとえばルネサンスの時代にはイタリアが芸術の花開く土壌となった。ベンヴェヌート・チェッリーニの『自伝』を読むものであれば誰でも、あの時代の芸術がどれほど煌《きら》びやかであったか、目も眩《くら》むばかりに感じるに違いない。チェッリーニは王の寵愛を誇張して書いたのかもしれないけれども、しかしそれが時世を描くのにはぴったりと合っていた。その一方で学問は低くみられている。レオナルド・ダ・ヴィンチの手稿からもそれが読み取れる。あるいは学術的なものに対する不当な批判が行きつくところは、ガリレオの異端審問の伝説からも窺い知ることができる。

ギリシャやフィレンツェほどでなくても、近代以降も幅広い自由があった年代や地域があった。しかし文芸や美術のための自由ではなくて、利潤追求の自由である。その中で近代以降に特徴的なパーソナリティが形成され、それが当たり前になっていった。一つの国ではなく、微調整されながら多くの国々で同じことが起きた。何が称揚されるか、何がその機会を与えるかは、国ごとに、そして特にその内部の階級ごとに変わってくる。それをひとまとめにしたものを、私たちは「アイルランド人らしさ」「イタリア人的なもの」「農民の典型」「銀行家っぽさ」として認識する。このようにキャラクター化することは、それぞれの集団を大摑みにスケッチしているに過ぎない。時代や状況が変わっても当てはまるような実体を言い当てていることは稀である。

レイシストはあの人種が優れているとかこの民族が優れているとかをいつも言いふらすものだが、優秀であるかどうかは、どんなコミュニティ内であっても、精液によって受け渡されるものではない。大きな発展が生まれるのは、どこかのグループに経済的な余裕と、活動の自由と、そしてこの二つを生かすための好機が揃ったときである。これらの条件のうちどれか一つでも欠ければ、成功の松明は手から滑り落ち、炎は消えてしまう。西欧文明の古今東西を見渡してみると、発展のための条件を揃えることは、一部の上流階級にだけ可能だった。それが例えばアテネ自由人であったり、あるいはエリザベス朝時代の宮廷界隈である。全体人口の七分の一に収まることが一般的であった。

しかし識字率が上昇し選挙権も保障されるようになって、近代国家では成功のための機会を一部階級にだけ限定しておくことの意味や効用がなくなった。専制支配者を別世界の生き物と考えたり、あるいは貧困や艱難を避けがたい神の思し召しとして甘受するような奴隷根性を、このアメリカにおいて私たちはシステマチックに破壊した。ヨーロッパでも先進的な地域では同じことが起きつつある。[*5]

いま、権力者たちが取りうる針路は二つある。むき出しの暴力によって国民を抑えつけるか、あるいは生活のための資源を広く行きわたらせるための調整に乗り出すか。アメリカにおいて経済全般が十分な水準にあるとはとても言えない。あるいは基本的な自由――働く機会、表現の自由、市民権の平等――を勝ち取るにはまだ遠い。しかし試行錯誤を休むことなく続ければ決して望みえない目標ではない。何より現代では、一〇年前よりずっとはっきりとそのために何が必要かを私たちは知っている。人類の未来について私たちが真摯であるなら、発展のために必要な社会状況となるように力を尽くすほかない。何をやっても無駄だ、すべて運命は決まっているとうそぶく連中に耳を貸している暇はない。

＊5　一九四五年以降の版では「ヨーロッパでも——」で始まる一文が、以下の文に差し換えられている。「ヨーロッパやアジア、アフリカでも、民衆はより大きな機会がもっと平等に分配されることを望んでいる」（『人種主義　その批判的考察』筒井清忠・寺岡伸悟・筒井清輝訳）

第二部　レイシズムとは何か

第七章　レイシズムの自然史

人種は学問の対象である。その系譜を調べることもできるし、人体測定学の検体ともなる。同じ生物学的グループにある個体が異なる環境にそれぞれどう反応するかや、世界史を再点検してみることによっても考えることができる。文献学の専門家、人類学者、遺伝学者や歴史家の視点から眺めることも可能だ。言葉を換えれば、ヒト集団の間にある遺伝的関係性を調べる科学の一領域である。文明について取り扱うなら無視できない。例えば現代人の頭蓋骨や長管骨のデータから、前史時代の大陸を越えた民族移動について推論することができる。そこからさらに歴史学のファクトを積み重ねていくこともできる。古アジア民族の多くが現代でも遊牧生活を送っている中で、その一部である満洲族は中国を三〇〇年にわたって支配したことが分かる。あるいはエジプト王朝を作ったハム族が、ソマリ族やエチオピアのガラ族などの原始的部族に連なっていることが立証される。

アマチュアの平等論者が言うような「人種とは現代の迷信である」というのは正しくな

い。事実として、人種は存在する。今後さらに研究をすすめればどこかのエスニック・グループが特定の情緒的ないし知的な特性を持っていることが、しかも学習されたものでなくて生来的な特性があると明らかになるかもしれない。実際のところ、内分泌系や代謝機能について、その平均値が他と異なっているエスニック・グループは存在する。——しかし歴史が示すところでは、どのような逸脱も「安全域」の内側にある。つまり正反対の環境に何らかの偶然から放り込まれたとしても問題なく適応できるような範囲内に、それらの偏倚は留まっている。

迷信・ドグマ・大言壮語

人種というものは確かに存在する。しかしレイシズムは迷信といっていい。レイシズムとは、エスニック・グループに劣っているものと優れているものがあるというドグマである。どれかの人種を絶滅させようとしたり、あるいは純粋に保とうとするのは、このドグマである。たった一つの人種によって進歩と未来が約束されるなどと人々に言わせているのは、このドグマである。数年前にドイツの政治体制に組み込まれて、そしていまや世界に蔓延しているのは、このドグマである。

レイシズムは科学的探究に耐えるような中身を持たない。宗教のように辛うじて時系列を追うことだけができるような、信仰の一種にすぎない。科学に覆いかぶさっているこの信仰体系について、その価値を測るにはどうしたらよいだろう。レイシズムが何をもたらしたか、それを信じるのは誰か、そしてその背後にある目的は何かと問う必要がありそうだ。もちろん、レイシストが一つひとつのファクトをどのように扱っているかを検証することはできるし、それが正しいとか間違っていると判定していくことも難しくない。けれどもレイシズムがファクトを扱うやり方は非常に杜撰である。そして科学者が個々のファクトについて指摘をしても、レイシストの信仰はびくともしない。レイシズムの根源を解明するのは科学的追求ではない。求められているのは、どのような条件が揃ったときにレイシズムが生まれ、そして蔓延したかを明らかにする、歴史学の視座である。

　本質においてレイシズムとは、「ぼく」が最優秀民族《ベスト・ピープル》の一員であると主張する大言壮語である。その目的を達するためには一番うまい手段であろう。自分にそれほどの価値がないとか、あるいは他人から批判されているとか、そういうものをすべて無視することができる。自分がそれまでにやってきた恥ずかしいこと、思い出したくないことをすべて消し去ることができる。自分の至らないところを指摘されたとしても、相手を「劣等な人種」と言ってしまうことで痛みを無化できる。母親の子宮の中にいるような究極のポジションが手に入るのだ。

　難しいことを考えなくて済む、というアドバンテージもある。人間の生死、過去や未来についての現実の困難から身をかわすことができる。どれほど学問から縁遠いひとであっても暗記できるような、たった一文を盾にする——「ぼくは選ばれし人間だ」。だからレイシストの言葉は政治を動かす最高の武器となる。

ダーウィン以前には今日のレイシズムは不可能だったであろう。彼らはしばしば、自分たちは進化論に基づいているのだと主張する。自分たちが優れているのは生物学的に決まっていることで、劣った民族を攻撃するのは適者生存のためである、と。この論法はダーウィン以前、十九世紀以前にはありえなかった。しかし本章ではあえて、一連のドグマが今の形態となるまでにレイシズムが辿ってきた歴史を振り返ってみようと思う。

レイシズム前史

「選ばれし人間」云々は大昔から存在していた。粗野な原始人が喧嘩するときにも使われたに違いない。その場合には全人生をかけた重みもあったのだろうが、いずれにせよ現代の私たちからすればかなり限定的な範囲の経験である。その頃には、「人類の始まり」がそもそも高祖父の代くらいに行われたと考えられていたし、全世界が海岸から西に一〇マイル、丘を越えて東に二〇マイルという具合に収まっていた。そこでは人類の長大な歴史が問題になることはなかったし、異邦人は火星生命体くらいに不気味かつ異質であった。

狭い集落の中では限られた人数が身を寄せるように生活していて、助け合いによって日々の糧を得るのが人生のすべてであった。一人にとっての利益が、集落全体にとっての利益となる。だから自分たちの部族を指す言葉が、誇大的ながら「人類」を表す言葉と重なるようになっていく。逆に言えば、自分たちの部族以外のものは人間ではなく、動物の類であった。狩りの対象でさえあったかもしれない。起源を共にしていることなど、思いもよらないことだった。神様は自分たちだけを特別な粘土で作ったとか、自分たちだけが天の水瓶から注がれたのだとか、自分たちだけ特殊な穴から這い上がってきたのだとされた。自分たちの住むところが「世界」の中心で、自分たちがいなくなれば世界もまた消えてなくなる。集落に伝わる儀式だけが世界の秩序を保つものだった。

このような世界観は、集落での小規模な生活と密接にかかわっている。集落共同体が他の部族から何かを受け取るということは滅多にないし、もしあったとしても交易にまで発展することはないから純粋な利得となる。集落が数千人の規模にまで大きくなったとしてもこの構造は変わらない。住人の利害が一致していて、そのために日々の協働が当たり前である。隣人間の倫理的制約が強く作用するような集団、すなわち内集団（in-group）に独特の重心が置かれることになる。

この内集団はまだ人種と言えるほどの規模にはない。人種と呼べるくらいの大きさになるのは、互いを憎み殺し合うような内集団がいくつも形成されるころである。別々の「血統」があるわけではない。部族間で女性を奪い合っていることもあるだろう。部族同士の反発は、生物的なものでなくて文化的なものである。だからこそ隣り合う部族の和平のシンボルとして通婚が行われたり、ときには経済的・社会的アドバンテージのために部族間の男女に性交渉が求められる。このような慣習が生じることについて、それぞれの部族が同じ血統のもとにあるか、あるいは別々の系統にあるかは関係がない。

アリストテレスの考え方

内部で相互扶助しながら部外者を徹底的に排斥し、それでいながら対立部族から妻を娶ってくることを繰り返すと、貢物《トリビュート》が自然と集まってくるような有力部族がそのうちに形成される。帝国が立ち上がってくると言ってもいい。

アレキサンダー大王の東方遠征さえも、基本の枠組みはアフリカの未開部族と一緒である。アレキサンダーの家庭教師であったアリストテレスは『政治学』第七巻で、肌の白い遊牧民や小アジアの民族がどうしてギリシャのような高度な文明を築くことができなかったかを語っている。大哲学者の議論は、ズールー族の青年がバトンガ族について語るのと同じだ。「外からやってきたんだから、文化が劣っているのは当たり前じゃないか?」と。

アリストテレスは人種の優劣を言ったわけではなかったから、ヘレニズム化した小アジアの民族の能力について語る必要はなかった(実際にはかなり高度な文化があったのだけれども)。ギリシャ人の血を純潔に保たなければならないとも言わなかった。教え子であるアレキサンダーは遠征の途上、通婚を積極的に勧めた。マケドニア軍の兵士一万人がインドの女性と結婚することになる。アレキサンダー大王も自ら、ペルシアの王女二人を妻にとった。

アリストテレスの考え方は古代ヨーロッパにおいて典型的なものだった。だからローマ帝国がそのコスモポリタンな体制を築く最中、レイシズムに手足を縛られることはなかった。帝国の目指すところが明確になり、法によってそれが実体化されるにつれて、首都の特権であったものが属州にも付与されるようになる。内集団に与えられるアドバンテージを広大なテリトリー全体に拡大していった点で、ローマ帝国は人類史的な発明であったといえる。ヒトやモノの移動について様々に課されていた制約が帝国の誕生によって取り払われたのだった。西はイベリア半島から東は黒海沿岸にまで及ぶ広大な領土を急速にラテン化することによって帝国の威信を広め、そして同時により広い範囲から歳入を得ることを可能にした。

ローマ帝国では

行政実務の要点は、家柄ではなく能力の高低によって属州の監督官が選ばれたことである。一兵卒から始まって政治家に、そしてさらなる成功を望むこともできた。ローマから派遣されてきた官僚よりも、次第に属州出身者が登用されることが増えていく。もともとローマ市民の特権であったものが異民族にも与えられるようになったのだ。ローマ帝国の初期に記された使徒言行録の一節は特に印象深い。――小アジアのタルサスで、熱心なユダヤ人の家系に生まれたサウロが旅の途中にイエスの声を聞く。彼は回心してパウロと名乗るようになる。それを知って激怒した千卒長が彼を縛り拷問しようとするが、パウロは「私は生まれながらのローマ市民です」と言う（つまりパウロの父あるいは祖父に高い能力があって登用されていたか、あるいは多額の金銭によって市民権を買ったかのいずれかということになる）。それを知って千卒長は恐れをなして、パウロを解放する。ローマ市民に保障されていた自由権が、出生地や家柄に関係なく、奴隷以外の住民全体にまで拡大されていたことがよく分かるエピソードである。

異民族に対する差別がなかったのは、素晴らしい倫理規範が働いていたからというわけではない。倫理どころか、帝国の利益を最大化するためにローマの天才的行政官たちが意図的にとった施策である。初期の帝国主義と寛容政策は相性がよかった。第一の目標が、なるべく広い範囲から税《トリビュート》を集め、かつ征服地と首都を結び付けることにあったためである（大航海時代以降の帝国主義がプランテーションで働かせる安い労働力の獲得を目標としたのとは対照的だ）。征服した土地の優秀な人間を登用して権威付けすることには、ローマ帝国にとって経済的なメリットがあった。逆に言えば、征服した土地で昔から行われていた風習や文化については、レッセ・フェールと言っていいくらいに無関心であった。

ローマ帝国が異民族にとったこの姿勢は、内集団の特典を外部にも融通した点で歴史的な転機となった。それによって帝国という平和が広大な領域に敷かれて、行政的なものが一致した権威をまなざすようになる。この社会変革によって、ローカルな小集団が互いの優等性を主張して争ったり、あるいは互いを遠ざけるようなことがなくなった。

嫌われ者のサマリヤ人

キリスト教が広まったのは、この頃のローマ帝国である。イエスが暮らしていた時代のパレスチナでは、異邦人と言えば嫌われ者のサマリヤ人だった。旅に疲れたイエスがサマリヤの女に水を飲ませてくれるよう頼んだ時、彼女はこう答えた「なんぢはユダヤ人なるに、如何なればサマリヤの女なる我に、飲むことを求むるか」（ヨハネ四章九節）。そこでイエスは女と町衆に福音を説き、それを「此の町の多くのサマリヤ人」が信じた。弟子たちは集まってきた町衆を最初は恐れていたが、説教の終わる頃には、彼らもまた「全世界を巡りて凡ての造られしものに福音を宣伝へよ」の言葉を信じるようになっていた。最も熱心であったパウロは「今はユダヤ人もギリシヤ人もなく、奴隷も自主もなく、男も女もなし、汝らは皆キリスト・イエスに在りて一体なり」と手紙に書いた（ガラテヤ三章二八節）。このような初期キリスト教の教説や布教プログラムは、一世紀前後のローマ帝国にあった世俗的な方針とよく合致していた。

ゾロアスター教とユダヤ教

対照的であったのは、これより数百年さかのぼるペルシアのゾロアスター教である。ゾロアスター教は国教となっていたが、ペルシア外部への布教を目指すことはなかった。異教徒を改宗させることを重視しなかったのだ。春秋時代を生きた孔子も同じく、自分の教えを世界中に広めようとはしていない。初期キリスト教の布教戦略の背後には、多数の民族を包摂する巨大な単一コミュニティという観念がまずあった。そしてこれはローマ帝国の登場によってはじめて可能になったものだった。

ユダヤ教の預言者やヘブライ法もキリスト教の土台になっている。紀元前一三〇〇年頃に遡るモーセの律法を見てみよう。――「汝等とともに居る他国の人をば汝らの中間に生れたる者のごとくし己のごとくに之を愛すべし汝等もエジプトの国に客たりし事あり我は汝らの神ヱホバなり」(レビ一九章三四節)、「汝ら会衆および汝らの中に寄寓《とどま》る他国の人は同一の例にしたがふべし是は汝らが代々永く守るべき例なり他国の人のヱホバの前に侍ることは汝等らと異るところ無るべきなり」(民数一五章一五節)。アッシリア捕囚を契機に、ユダヤ教内部にも分離主義を掲げる一派が生まれた。

たとえば預言者エズラは、アモンやモアブの子種がイスラエルの子種と交わることを恥ずべきこととして、異邦からやってきた妻たち子供たちを強制送還し、さらに将来にわたって異人種間の結婚を固く禁じた。狂信的なレイシズムが古代社会にも現れていたことになる。

しかしその痕跡をイエスの言行に見てとることはできない。多民族からなる大きなコミュニティを作るようにとのキリスト教の教えは、その時点でのヘブライ法に沿ったものであったし、なによりもローマ帝国が積み上げたものによってその基礎を堅牢なものとしていた。

中世から近代へ

紀元三世紀、キリスト教がローマ帝国の国教となる。帝国の伝統とキリストの教えの両方から、人種にかかわらず兄弟愛が成り立つとの立場をローマ教会は受け継いだ。そして中世に至るまで、多種多様な国家や民族と関わりながら長く権力の座にとどまった。

十三世紀になると、ヨーロッパの社会秩序に大変革がやってくる。封建制の腐敗が露わになるにつれて、教皇の世俗権力に衰退の兆しが表れた。俯瞰的に見れば、中世の大きな社会構造が崩れ、近代へと続く道が準備されたことになる。

中世前期には、忠誠の義務と領主による保護を組み合わせた封建制が敷かれていた。当時は社会の全階級、すなわち貴族から最下層民まで皆に一定程度のメリットがあったものと考えられる。しかし農奴が「地に縛られた」存在でなくなるにつれて領主への隷属も弱まり、封建制は徐々に崩れていく。領主からは、哀しいほどに僅かであったとはいえ、食料の途絶は辛うじて避けられる程度の量が配られていた。領主の馬のような立場、馬小屋と最低限の餌が与えられていた。だからそれを捨てて農奴たちが自由を選んだとき、彼らは餓死の恐怖も同時に引き受けたことになる。こうして生命を賭した社会階級間の熾烈な争いが始まった。

近代化の始まった時点で、権力者たちには手中の権力をさらに強大化させるチャンスが生まれていた。それまでヨーロッパ大陸では、少なくとも潜在的には力が等しいような各地のグループ同士が争い、血を流していただけだった。しかし各グループが新しい土地を侵略して自分たちの権威のもとに併合すると、やがてより大きくなった単位ごとに戦うようになる。地方の公国同士の抗争で済んでいたものが、そのうち統一国家間の戦争に発展した。「やられる前にやれ」が国是になった。

そして私たちもまだ、この間国家的アナーキーに生きている。むしろ二十世紀になって戦線は全球規模に広がってしまったのかもしれない。陣営内の各部門が戦争によって得る商業的・社会的利得により結びつきを強めるにつれて、戦争被害は凄惨なものになっていった。この傾向は今も続いている。十三世紀から現在までの近代という時代は衝突の日々であった。初期にはローマ帝国の文明の中で争われ、中世には宗教権力と世俗権力を共に収めた〈統一された教会〉を目指した闘争があった。現代では、陣営間の敵意や報復心が相手にとっての脅威となるだけでなく、自分たち自身にも刃を向けていて、自殺的である。かつてあった兄弟愛は、その基礎となる経験を失った。

神が一つの泥塊から諸民族を作りだしたという教えにとって、近代世界は不適切な舞台だったのかもしれない。兄弟愛の信念を下支えするような具体的事実は、国家や社会階級の対立と殺戮の中には存在しない。対立する相手が別の泥塊から出来ていると教えるドクトリンが、その代わりに要求されることになった。

レイシズムと西欧の海外拡張政策

「新世界」の発見が、近代の初めに起きた分離主義運動のきっかけである。人類の歴史上、大陸が新しく発見されるのは初めてのことだった。それまで未知の大陸と島々であったものが、開発されて、次々と植民地に変わっていった。ヨーロッパ人は、これまでまったく知られてこなかった人種が大勢いることとの発見に大興奮だった。家に居ながら読める、「赤い人間」についてのロマン的な空想小説が人気を博した。文豪シャトーブリアンによって書かれた『アタラ』『ナチェズ族』、サン・ピエールの『ポールとヴィルジニー』がその代表である。

今日では、シャトーブリアン自身はインディアンと生活を共にしたわけではないと知られている。だからこそ開発の最前線に広まっていた感情に縛られることがなかったのだろうか。開拓の最前線にいた男たち、プランテーションの経営者たちや奴隷商人たちはただひたすらに自分たちの利益を追求した。自分たちの郷土で「生まれたままの民」がどれほど美化されていようとも関係なかった。海外領土とされた土地では、先住民を支配するための、そうでなければ皆殺しにするための執拗な攻撃が行われた。

出身地によって先住民に対する態度は少しずつ違った。たとえばスペイン人・ポルトガル人・オランダ人植民者にはイングランド人植民者にみられた異種混合への恐怖はなかった。あるいはフランス人植民者には、イングランド流の鉄のカーストはなかった。しかし結局のところ、出身地にかかわらずどの植民者も手段を選ぶことなく利幅の最大化だけを目指したし、ローマ帝国に見られたような文化に対するレッセ・フェールが敷かれることは決してなかった。

熱帯地方では、ヨーロッパ人は市場と安い現地労働力と輸出用奴隷を求めた。温帯地方では自分たちが定住するための土地を求めた。そしてどこに行ってもヨーロッパ人は現地の宗教を根絶やしにした。現地の住民は例外なく、宗教をもたないもの、法も道徳も知らないもの、人間ではないものとして扱われた。現地民の首に報奨金がかけられて、成人は大量虐殺されて、子供たちは好き放題に拉致された。矯正してやると怒鳴られながら鞭で一方的に打ち叩かれた。暴力から逃れた先住民たちも、居住地域を指定されて動物の群れのように扱われたり、あるいは炭鉱やプランテーションで奴隷労働に駆り出された。ヨーロッパの商人がやってこ、な、かった土地にこそ神様がいたのかもしれない。餌食になった土地は地獄だった。

宗教による差別

このような状況にありながらも、人種ごとに優劣があるというドグマは三〇〇年以上にわたって現れていない。先住民は人間外のものとされていた。しかしその理由は彼らがキリスト教徒でないことであった、肌が黒いからではなく。異教徒に対する弾圧の方がむしろ中世以来のなじみ深いやり口だった。この時点ではまだ、水平線の向こうにレイシズムは生まれていないことになる。

今日のムスリムとまったく同様に、当時のヨーロッパ人植民者は人間を二種類に分けていた。征服者である「信仰を持つひと」と被抑圧者である「それ以外」である。奴隷貿易さえ最初は、輸出されるのは不信心で魂のない存在であるからと正当化されていた。エンリケ航海王子についてこう語られたこともある。「布教のためなら、王子は自らを犠牲にすることをも厭わなかった。探検者の一行が現地民をカーゴに満載してポルトガルに戻ってきたときには、彼は宗教への熱意のために歓喜した。魂が失われる前に迷い子たちを救い出せると考えたためである(1)」

ここに大きな矛盾があった。名目上は現地民をキリスト教に改宗させることが探検の目的であったから、熱心かつ勇敢な宣教師たちがほとんどすべての帆船に同乗している。しかし実際には、新領土の獲得とさらなる探検のための資源調達のための遠征である（エンリケ航海王子によるムーア人の討伐運動がキリスト教徒を奴隷身分から救い出すことを目的としていたように、キリスト教徒を奴隷とすることは当時あり得ないこととされていた）。お題目である布教運動によって信仰告白をする先住民が現れると、理論上、有色人種を白人と分け隔てるものがなくなって、本来の目的であった奴隷を得ることができなくなってしまうのだった。

ここに宣教師の布教と奴隷商人の搾取が対立する。さてその後どうなっただろうか？――宗教家の声はいつの間にか小さくなって、そして遂には誰も声を上げなくなった。プロテスタントの国では特にその傾向が強かった。オランダ人は身分解放についての宗教問答を葬り去るため、南アフリカで奴隷の子は洗礼など一切の宗教的指導を受けてはならないと法律で定めることさえしてしまう。

一七九二年になってやっと、出生地の法律や教会法によって奴隷解放を制限することはできないとケープタウン教会委員会が声明を出す。この声明ではケープタウンの奴隷の多くがキリスト教徒であるとも述べられていた。つまり十九世紀の始まる頃になって「信仰のあるひと」と「それ以外」に人類を分ける二分法が破綻したことになる。同じ綻びが世界各地で目立つようになっていた。端緒となるのは奴隷制のこともあったし、「新世界」での先住民虐殺に反対するイエズス会やフランシスコ修道会の抗議のこともあった。

優劣を決める新理論の登場に向けて、準備が整ったことになる。ヨーロッパ人が先住民を亜人《サブヒューマン》として、つまりサルに近いものとして語るようになるのもこの頃だ。結局のところ一番目立つ差異は皮膚の色であったという事実は、宗教を理由としたものよりもずっと執拗な差別を生む原因となった。迫害の口実が宗教から皮膚色へとシフトするのに、はっきりした転換点や経緯があったわけではない。理性の働きというよりも、社会状況に応じた日和見的な変化であったためである。領土拡大の最前線では、植民者や行政担当官がその時々の事情に応じて言いぐさを変えていったから、教説《ドグマ》と言えるほどに一般化されたものが現れることはなかった。普遍的な妥当性など気にする必要がなかったのだろう。自分たちが現地民を手前勝手に捌くことさえできればそれで十分だった。

レイシストの最初の舞台

大陸諸国の植民地と比べて、イギリスの植民地ではかなり早い段階から宗教が重要視されなくなっていた。すなわち現在のアメリカ合衆国となっている土地であるが、イギリス人はそこを自分たちの領土と主張するに際して布教体制の確立を前提とはしていないし、先住民が改宗してもそれで行政上の処遇を変えることはなかった。キリスト教徒であるか否かの二分法というよりもむしろ、イギリスはカースト制による管理を敷いたのだった。堅牢な分離政策である。フランス・スペイン・ポルトガルの植民地では現地の女性との結婚が珍しいことでなかったのに比べて、イギリスの植民地では強い忌避感が働いた。イギリス開拓民は人種による差別を行ったことになる。

しかし土地を奪うことが主要な課題であったから、人種が問題であると言明されることはなかった。イギリス人は誰もいない土地を、土地そのものを欲した。英国王による初期の土地利用認可状は、その土地にもともと住んでいた人々について一切言及していない。まるでそこに人間など一人も存在していないかのように。そして新しくやってきた移民団は、自分たちにとって都合のいいそのような状態を一日でも早く達成したいと願ったのであった。

イギリス人はインディアンを農園労働に駆り出したわけではないし、スペイン人がメキシコでやったように開拓作業をさせたわけでもない。イギリス人開拓民にとっては、そのような交流すら「近すぎる」らしかった。イギリス人が先住民を利用した数少ない例の一つが、戦争における同盟である。これは成功だった。イロコイ族を対仏戦線に組み入れたことでセントローレンス川以南へのフランス領拡張を抑え込むことができたと言われている。しかし戦争が終わっても、イロコイ族の献身が報われることはなかった。アメリカ独立戦争、そして一八一二年の米英戦争でも、インディアンはイギリス側と同盟を結んでアメリカ合衆国と戦っている。しかしそれでも深い溝が埋まることはなかった。どちらの側に付いた先住民も、戦争が終わると身ぐるみ剝がされて、居留地に押し込められたのだった。

インドやアフリカと比べて、北米大陸は人口が少なく、しかも散在していた。このことがイギリスの極端な分離政策、すなわち絶滅作戦と隔離収容策を可能にした。先住民族との抗争はあくまでも土地を求めてのものだった。イデオロギーはなかった——戦いが「聖戦」に格上げされることはなかったし、「現代のモンゴル帝国来襲」などと言われることもなかった。

つまるところ、ヨーロッパの海外領土がレイシストにとって最初の舞台になったのだった。異民族に対する敵愾心を暴力によって表すことがすべての始まりだった。次第にそれが思想としてまとまっていくのは、レイシズムがヨーロッパ内部の対立に、つまり第一に階級闘争、その次にナショナリズムへと応用されたときである。第一部で見た通り、レイシズムは何一つ説明していない。しかしそれでもこのドクトリンがヨーロッパ内部の対立にまで持ち出されたのはなぜだろうか。もしも海外侵略に伴う暴力の経験が私たちになかったなら、レイシズムが現代社会に根付くことはなかったように思われる。

レイシズムと「階級闘争」

階級間の闘争において、レイシズムは初めて定式化された。主には貴族階級が市民階級を貶めるために差し向けることが多かったけれども、最初には専制君主に対しても向けられた。

一七二七年のフランス、貴族たちは国王からの圧力が日々強くなってくるのを感じていた。平民階級からの突き上げも増える一方である。封建制は近代ナショナリズムにその道を譲りつつあった。その状況のなか、ブーランヴィリエ伯爵は封建領主たちに並々ならぬ愛執を抱えていて、自分がその由緒正しい血統の一員であると示すことに必死だった。「朕は国家なり」と言ったあの尊大なルイ十四世によって課された重税は、ブーランヴィリエに貴族たちの決起という夢を見させた——そして古き良き栄光を取り戻すことを。

これ自体は何も新しいことではない。貴族たちの権力回復への願望は、例えばイギリスではマグナ・カルタによって現実のものとなっている。しかしブーランヴィリエにはそれまでの貴族たちと違う点が一つあった。彼は手段としてレイシズムに訴えたのだった。

ブーランヴィリエにとって貴族とは、その血筋においてゲルマン人であった。ローマ帝国を追い詰めた荒々しいチュートン人の一派である。トラヤヌス帝の時代に帝国の堕落を嘆いたタキトゥスは、チュートン人の力強さ、獰猛さ、そして「指導者への忠誠心」を讃えている。ブーランヴィリエは言う、「闘いの長たちは自ら武器を取ることで先導した。勇猛果敢に武勲を挙げることによって、後に続く者の敬愛と従順をほしいままにした」と。そして彼によれば、チュートン人の敢然としたところを十八世紀の貴族も「フランクの血のもとに」受け継いでいて、しかもその血が貴族のリーダーシップの復興を求めるらしかった。ローマ帝国の思想に連なる独裁制を打ち倒すのは貴族の義務であり、そして平民などというものは、かつての被征服民、ガロ・ローマ人の末裔、劣等人種であるから一顧だにするに値しなかった。

ブーランヴィリエとゴビノー

しかしブーランヴィリエが主張したようにはならなかった。つまるところこのレイシストは全フランス人を上に立つ貴族と下に仕える平民の二つに分けたのであるが、一七九一年のフランス革命によってこの「二つのフランス」は形成を逆転させる。平民のスポークスマンであったアベ・シィエスが宣言している。「上等じゃないか！　我らガロ・ローマ人の平民が貴族たちを打ち倒してやる。優れたものが上に立つと言うなら、打ち勝った我らこそ貴族の上に立つだろう」。シィエスが正しかったことは歴史の示すとおりである。少し控えめになっているだけで、発言が根本においてレイシズムであることに変わりはないとしても。

フランス革命のときにはそれでも、レイシズムが大々的な勝利を飾ったわけではなかった。レイシストの古典とでもいうべきゴビノー伯爵の『人種不平等論』が出版されたのは革命の後、一八五三年から五五年にかけての期間である。ブーランヴィリエと同じくゴビノーも、世界に希望をもたらすのは金髪のチュートン人、彼の言うところのアーリア人だけであると考えた。しかしこの著作は来るべき国家主義の時代の福音書とはならなかった。ゴビノーはフランスが国家として統一されることに不満を持ち、封建領主が割拠する時代に対して懐古的だった。市民の要求した進歩的な憲法を撥ねつけたばかりのハノーヴァー国王、ゲオルク五世にゴビノーは自分の評論集を献呈したが、しかしドイツがフランスよりも優れていると考えていたわけでもない。フランスにもドイツにも、あるいはスウェーデンを訪れた折にはスカンジナビア半島にも、もうほとんどアーリア人は残っていないと言っている。あらゆるヨーロッパの国々はガロ・ローマ人によって水浸しにされてしまったと彼は考えていたようだ（現代で言えばアーリア人は「北方系」、ガロ・ローマ人は「ケルト系、アルペン系、地中海系」に相当する）。

ゴビノーの考えでは、国家の優先を主張するに足りるだけの人種的貴族を抱えた国はヨーロッパになかった。ゴビノーはやはりブーランヴィリエと同様に、近代的ナショナリストとしてではなく、あくまでも保守的な封建領主の立場を主張しているのだ。一八四八年に高まった市民革命の気運と、そして実際に起きた二月革命に怒っていた。事実、この頃ゴビノーは貴族政の共和国を目指した評論誌に関わっている。

ゴビノー『人種不平等論』

この時代のパリには失業者があふれ、社会不安が充満していた。社会主義者が「労働する権利」を勝ち取り、政府によって一種の労働斡旋所が設立されることになる。けれども「国立作業所」と当時呼ばれたその組織は、現在の私たちならよく理解できる例の問題に直面する。[*1] すべての希望者に割り当てられるだけの求人がなかったのだ。失業手当による代替策がとられたが、この僅かな手当さえ、反体制分子を生かしておくことになるからとある日突然に廃止される。その結果として起きたのが六月蜂起と、それを鎮圧するための政府による市民虐殺である。パリ市街に築かれたバリケードを挟んだ、「持つ者」と「持たざる者」の闘いであった。

ゴビノーは空想家でも学者でもなかったから、『人種不平等論』が書かれたときの社会状況を参考にするのも無意味ではないだろう。彼はその生涯に内閣書記官とペルシア公使を務め、さらにブラジルおよびヨーロッパ諸国に政府使節として派遣されている。さらに戯曲、旅行記、小説を書いている。ゴビノーは公人といっていい人物であった。そしてルソーの社会契約説もホッブズの国家論も、ゴビノーが自分の目で見た、汗に汚れて食料を乞い求める群衆のイメージを消し去ることはできなかった。しかし群衆がもしも生まれつきに劣等な存在であるなら、丸ごと見捨ててしまっても何の問題もないことになる。ゴビノー自身、下層民の声が大きくなる現状に抗うため筆を執ったとも書いている。「ド・メーストルやド・ボナールよりもさらに徹底的に、リベラリスムを叩く」ことが目的だったのだ(2)。

同じ問題に悩まされていたハノーヴァー朝ゲオルク五世にその大著を献呈するとき、ゴビノーはこう書き添える。「次第に私は、人種が歴史上のあらゆる問題に影を落としていると確信するに至りました。すべての鍵がそこにあるのです。大衆の源となる各々の民族がその当初から不平等であるということ、これは運命のすべてを説明するに十分であります。私は断言することができます。……人類の成し遂げてきたものすべて、科学、芸術、文明の中で

偉大なもの、高貴なもの、実り多きものの一切が、唯一つの血族から生まれたのでありま
す。そこから枝分かれしたものだけが、世界中の文明国を興し、今日まで築き上げてきたに
違いありません」

貴族たちは、自由を求める声、民主主義の台頭に脅かされていた。ゴビノーが人間を白、黄、黒の三種に分けたとき、アルペン系は黄色人種に、地中海系は黒色人種に連なるものとされた。ヨーロッパを率いることができるのは白色人種だけであって、未来への希望を一身に背負うのも白人であった。白人だけが「内省」「忍耐」「秩序」「自由」「名誉」に値した。そしてこの名誉ある地位を失うことは、彼にとって文明の黄昏であった。

＊1　本書の初稿が書かれたのは一九四〇年である。一九二九年以降の株価暴落に始まる大恐慌の記憶がまだ生々しかったためにベネディクトはこう書いているのだろう。アメリカでも大恐慌下の失業対策として雇用促進局が設立されている。

アーリア人のスーパーマン

ゴビノーによる封建時代への賛歌は、その後二十世紀になってナショナリズム賛歌へと歪曲される。今日のナチス政府は『人種不平等論』に登場する「アーリア人」の言葉をすべて「現代ドイツ人」と読み替えている（ドイツにアーリア人が特別多いことはないと文中で強く主張されているにもかかわらず）。あるいはナチスに反対する批評家であっても、ゴビノ

ーの人種論にナショナリズムを読み取る誤りを犯している。批評家の指摘する矛盾や論理の破綻は、ゴビノーの主張というよりも、むしろそれを指摘する側の誤読に基づいていることがほとんどだ。たとえば一つの純粋種によって築かれた文明はないと言いながら、一方で文明が滅びるのは血が混じるからだとも述べられていることが槍玉に挙げられる。もしゴビノーが国家主義のマニフェストを書いていたならこれは確かに矛盾であろう。しかしこの大著の目指したところは、憎きプロレタリアートに攻め立てられている貴族政の擁護である。文明の命運は貴族政を、それも血統による貴族政を守れるかどうかにかかっていると謳われている。貴族が大衆に飲み込まれてしまうようなら人間文明はもう長くない、と。

逆に言えば、文明が様々な民族が交わりあうところに成り立つことをゴビノーは当然の前提としている。彼の世界観の上では、アーリア人が支配層の人種であり、「文明を構想する者であれば誰でも、その背骨として、その中間層として、黄色人種を配置したいと考える」(フランスで最多であったアルペン系を、ゴビノーは黄色人種のうちに含めている)。そして「すべての混交が有害で醜いものだとするのは間違いであろう。容姿の美しさの点では、もっとも良い交配は白人と黒人である」(ここでは地中海系が黒色人種に含まれている。アングロサクソンと違って、フランスでは白色人種と黒色人種の混交が忌避されることが少ない)。

数多くの民族から国家が構成されているという事実はゴビノーにとって、社会が階層ごとに分かれていること、そして全体の運命がそのうちの一つの階層にかかっていることと同義であった。単一の純粋人種が文明にとって必須であると主張した箇所はない。「キリストの生まれたときには既に、アーリア人は純粋でなくなっていた」。しかしそれにもかかわらず、議論は全体として人種を固定的なものとして提示している。ゴビノーにとってはこれも辻褄があっている。人種を国家の単位ではなく、個人の単位で捉えているためである。つまり「我らアーリア人の高潔さ」は遺伝によって代々受け継がれて、その間に傷つくこともなくて、気候風土によっても時の経過によっても一切失われない。そしてこの特質こそ、世界史を動かす貴族とその他平民の間にある超えられない壁であると説かれたのだった。貴族は「アーリア人」の末裔としての使命を自覚するように、そして平民は非アーリア人として分をわきまえるようにと述べられている。

ゴビノーは国家ごとに純粋な祖先がいるとは考えていない。あくまでも個人として、ごく少数の「アーリア人スーパーマン」がヨーロッパ全土に散らばっていると考えたのだった。自分自身をその一員に数えてもいる。『人種不平等論』はその後に続く研究書、たとえば一八七九年に自らの系譜を辿った『ノルウェーの海賊、ノルマンディのブレイの征服者、オタール・ジャールとその子孫の歴史』の、「序章に過ぎない」ものであった。ヴァイキング時代にまで遡る系譜研究としては、この本は少なくとも類書と同じくらいには正統なものである。この労作によってゴビノーは裕福な父親を超越して、つまり「王の人種」の子として自分を位置づけることができたのだった。

レイシズムの古典

『人種不平等論』は、今日でもレイシズムの古典といっていい書物である。しかしその内容は今日、ナショナリズムのプロパガンダとして誤解されている。ゴビノーは親フランスでも親ドイツでもなかった――貴族政を擁護していただけである。選良にはそぐわない、田舎臭い考えだといってゴビノーは愛郷心《パトリオティズム》を憎んでいた。あるいはナショナリズムを、フランスが一八七〇年の普仏戦争に敗れたことの主因とも考えていた。晩年に至っては、断固として反政府の立場をとっている(フランスのレイシストによってゴビノーの言葉が引用されるとき、そのソースが明示されないのはこのためである。彼ら愛国主義者にとって、自分たちの先達が普仏戦争に反対していたことは都合が悪い)。

失われた黄金時代を思い出させてくれるゴビノーの存在は、衰退しつつある貴族文化にとって捨てがたいものであった。彼は商業全般に(「人種混交の害毒」であるとして)貴族特有の軽蔑心を隠さなかった。印刷術や蒸気機関など産業技術の発展を、「アーリア人」には関係のない歴史のルーチン作業であるとしている。そしてすべて庶民の仕業であるとして放り出したのだった。

ゴビノーの著作が書かれたのは一八五〇年代前半である。人体測定学の知見はまだ少なくて、ダーウィンの『種の起源』も発表されていなかった。ゴビノーは様々な民族を通して身体的特徴がどのように分布しているか知ることはできなかった、遺伝法則についてはなおさらだ。ダーウィン以降のレイシストは「適者生存」を盛んに言うが、しかし『人種不平等論』では、アーリア人種はむしろ脆く崩れやすい花びらとして描かれている。

ゴビノーに追随した者たちは、そのドクトリンをこの二つの路線に沿って補強していった。「適者生存」と、人体測定学の知見解釈である。特にダーウィニズムから拝借した適者生存という概念を、年代を追うほどにレイシストは重視するようになっていく。力による征服が神聖なものとして主張された。上流階級や国家は「適者」であるためにその地位に就いている——〈力が正義を生み出す〉という古くからの公理が、「科学的」に裏付けされたものとして扱われたのだった。

細長頭の分布

人体測定学にこだわったレイシズムの変容は、十九世紀後半のフランスを舞台としていた。「人類社会学」を唱えたブローカ、ラプージュ、そしてドイツのアモンがその代表である。浪漫的だったゴビノーとは対照的に、この新しい一派は計測データを熱心に集め、統計処理して、普遍的真理というよりも個別的課題に取り組んだ。しかしそれでもブーランヴィリエ／ゴビノーの系譜にあって、自分たちの研究成果をナショナリズムの目的には使うことがなかった。やはり問題にされたのは、階級ごとの差異である。調査の対象となったのは「二つのフランス」ないし「二つのドイツ」、選良である北方系の細長頭とその対極にあるアルペン系の幅広頭であった。西ヨーロッパにみられる二系統の優劣を決めることが研究課題であった。ナショナリズムが作用しなかったために独仏の学者が仲良く研究を進めたというのは、随分な皮肉ではないか。

細長頭（北方系）が豪胆・支配的人種であって、幅広頭（アルペン系）が臆病・従順な人種であることを導くために計測データが利用された。細長頭は狩りをするオオカミ、幅広頭は襲われるヒツジとラプージュは言い表した。そしてダーウィンから拝借した聖なる「適者生存」法則によれば、選ばれし人種はオオカミに違いなかった。ヨーロッパ人全体を集めてもオオカミとヒツジに分かれているわけではないから、ここで一種のテスト・ケースが提唱される。地方に比べて都市部は「進んでいる」から、優良な人種は都市部により多いはずだ、という仮説検証である。前提となる事実は人類社会学の登場以前に、南フランス中央部・イタリア北部・ドイツについて観測されていた——ゴビノーによって。「都市部住民」ではなく「貴族」に焦点が当てられていたけれども。

頭部形状の平均値の違いを、アモンは社会による選択作用の表れと解釈した。都市部に細長頭が多いのは能力が高いために「選択された」のである、と。動物の進化についてダーウィンが発見した自然選択（natural selection）と同じ位置に、人間の社会選択を置こうとする試みである。都会に細長頭が多いことはその後「アモンの法則」と呼ばれるようになって、細長頭の優位性を証明するものとされた。

もしも細長頭の金髪碧眼を神聖視するあの妙な伝統がなかったなら、この学派はまさに正反対の主張をしても良さそうだった。データによれば、時を追って頭指数の平均値は増大していた。皮膚色の平均も、徐々に黒くなっていた。地方よりも都市部の方が人口増加は速かったから、数値の推移も都市部でより目立っていた。頭の丸い、肌の黒いひとが社会選択されていたということにならないだろうか？　人類社会学一派は頭指数の統計値にこだわるばかりで、では実際に幅広頭は寿命が短いだろうかとか、出生数が少ないだろうかという問いに答えようとはしていない。

人類社会学者たちが集めてきた数字は、二群について差異よりもその重なりの大きさが際立っている。都市部で生まれた群と地方で生まれた群について、頭指数の分布幅は同じであった。分布幅が同じで、細長頭が都市部にほんの少し多いだけだ。たとえばハイデルベルク在住の学生について、都市出身者は平均が八一、地方出身者で八二・七である。これだけで「都市部の住民には特徴的な頭部形態がある」と主張するのには無理があるだろう。

しかもここで述べたような数値の分布について、その解釈に頭を悩ませる必要はあまりない。世界中どの都市でも当てはまるような普遍的傾向ではないことがすぐに明らかになったためである。イタリアの人類学者リヴィは、自国軍の統計データをもとに、ピエモンテなどではドイツと同様に都市部がその周辺地域と比べて頭指数が小さく、またパレルモなどではその逆であることを示してみせた[3]。説明原理はごくシンプルだった。周辺地域と比べて都市部はずっと広い地域から人々が集まってきているために、身体にまつわるデータが均質化されている。だから都市住民の頭部がその周辺地域に比べて細長とでるか幅広とでるかは、周辺地域の身体的特徴が反映された相対的なものに過ぎなかった。都市住民が優秀であるかどうかとは全く関係がなかった。

階級の優劣から国家の優劣へ

現代の私たちから見れば、頭指数というたった一つの計測値にだけ依拠して人種の優等性云々を論じていた学者たちはあまりにも愚かで、そして歪んでいるように思われる。しかしこの学派の重要性は（その研究内容ではなく）レイシストのドグマがどのように社会の中に位置づけられていったかの変遷を表している点にある。

この頃はまだ、ヨーロッパがナショナリズムに覆われる前である。二十世紀に高揚した愛国主義運動はまだその気配すらない。人類社会学派が取り上げたのもやはり、あくまでも国家内部の階級問題であった。重要なのは、ゴビノー／ブーランヴィリエのように封建制や上流階級という観点からではなく、彼らが都市在住者の特権性という点から階級について議論をしたことである。人類社会学の学者たちがもしも少し前の時代に生まれていれば、当然のように貴族を市民有産階級《ブルジョワジー》ないし貧農と比較することをやっていただろう。しかし十九世紀中葉以降のヨーロッパ社会において、生来的な優等性の指標とされたのは都市在住というステータスであったのだ。

このように十九世紀から二十世紀に変わる頃にヨーロッパのレイシズムは、階級ごとの優劣を説くドクトリンから、国家ごとの優劣を説くドクトリンへと変わった。しかしアメリカではヨーロッパと違って、古い形のレイシズムがそのまま維持された。これには二つの理由がある。一つにはアメリカには他国との武力衝突の恐れが少なかったこと、もう一つはあらゆるエスニック・グループを含む大量の移民が常に流入していたことである。

アメリカのレイシスト

アメリカへの最初期の移民は北ヨーロッパと西ヨーロッパ出身者が中心だった。これが一八九〇年頃には、政情不安の影響で東ヨーロッパと南ヨーロッパからの移民が増加する。このことによってレイシズムが呼び起こされた。開拓者である優秀な初期移民の血が、後からやってきた連中に汚されてしまう、というわけである。そして大戦後のアメリカを襲った経済恐慌によって、新しくやってきた移民がなんらかの特権に浴していて、しかも政府の移民政策がそれを招いているのだという言説が流行した（実際にはほとんどの新移民が貧苦にあえいでいて、非熟練労働にしか就けていなかった）。一八九〇年以降の新移民は全体として、それ以前に移民してきたひとたちに比べれば貧しかった。しかし歴史的経緯も社会的背景もすべて無視して、アメリカ生まれのレイシストはゴルディオスの結び目を叩き切ってみせた。新しくやってきたイタリア系とポーランド系の連中が全部悪い、あいつらは生まれつき劣等なんだから、と。

アメリカのレイシストは、ゴビノーやヒューストン・チェンバレンから理屈を引っ張ってくる。優生学者マディソン・グラントによればヨーロッパでは「北方系の血の総量が、各国家の戦争力と文明力の極めて優れた指標」であった。[4] しかしこのアメリカ人の主張がドイツやフランスで受け入れられることはなかった。なぜなら「今日のドイツ人は大半が貧農の末裔」であって、それによって「ドイツ軍には騎士道、女性への優しさ、捕虜や病人を礼儀正しく擁護する姿勢が気味悪いほどに失われて」いるとまで書かれてしまったからである。[5] フランスもやはり同じように散々に言われている。「一歩また一歩と粗野な人種が増え、北方系は減り、それに従ってフランスの華やかさは失われている」。[6] 同じようなことがイギリス人や、あるいは「猜疑心ばかり強くて頭の悪いスペイン人」についても言われた。

しかしアメリカ人の手になる『偉大なる人種の衰退』は、（筆者自身を含めた）初期移民が支配的地位に就いていれば合衆国には輝かしい未来が待っているという願望によって書かれたようなものだった。南北戦争のころまでアメリカの白色人種は「純粋に北方系であった……しかもただ北方系であるだけでなく、純粋なチュートン系、さらに大半が最も狭い意味においてアングロサクソン系」だったことになっている。[7] 執筆時点においてもなおアメリカ人の過半が北方系であるとも述べられている。ヘンリー・フェアフィールド・オズボーンの序文によれば、ヨーロッパで失われた名誉ある地位をアメリカが守るためには「我々の宗教、政治、社会の基礎となった遺伝形質が失われたり、それが劣等な性質のものにすり替わっていくことに毅然として抗う」ことが必要らしかった。[8] 同書以降のアメリカでは、北方系の血統を交雑から守ることが愛国者の至上の義務にまで持ち上げられている。

アメリカ移民は北方系か？

当時でさえ時代遅れであったようなドクトリンを、グラントが広めたのはまったく馬鹿げた行為だったと言わざるを得ない。ヨーロッパで一昔前に言われていたことをアメリカの地で繰り返しただけである。唯一独自だった点と言えば、アメリカに渡ってきた初期移民は全員が北方系であったと主張した点であろうか。グラントが挙げた根拠は、人類学的観察ですらなく、一八六〇年以前の移民登録簿の国籍欄であった。

移民は主にイギリスとドイツ出身であった。著作の中でこの二国が北方系の血をほとんど失っていると書いておきながら、グラントはアメリカに渡ってきたものは全員が北方系であったとしている。論理の上では、移民を北方系か非北方系かで選抜した何らかの要素が存在していたと証明しなくてはならないけれども、当然そんな事はできない。アメリカに移民するかどうかに関係した要素は無数にあれども、金髪を移民させてブルネットを残留させる仕組みがあるわけはなかった。移民のきっかけとなるのは一般に経済的要因であるし、不況は金髪にもブルネットにも等しく襲いかかるものである。

ボヘミア王国出身で自身も新移民の一人であった人類学者アレシュ・フルドリチカがグラントの誤りを指摘している。[9] 高祖父母の代からアメリカ生まれである二〇〇〇人のうち、「明るい金髪《ライト》」はわずか五・三パーセントだった。「明るい茶髪《ライトブラウン》」も一六パーセントである。皮膚色、髪色、瞳の色について七五パーセントが「中間色」あるいは「濃い色《ダーク》」である。ハクスレーとハッドンが言っている通り「フルドリチカ博士の研究によって、『古き良きアメリカ人』のうち北方系の要素は少ないということがほぼ確実に」なった。[10]

移民を制限する

アメリカのレイシストには明確な目標があった。移民法の改定である。このときには合衆国の掲げる「人種、宗教、肌の色の差別なく」は過去の遺物とされていたし、「被抑圧者の避難地」あるいは「人種のるつぼ」になることを熱心に追求していた過去も顧みられることがなくなっていた。すべてのアメリカ人に機会を保障することは不可能になりつつあって、社会改良には相応の対価が求められるようにもなっていた。合衆国はかつてのような無尽蔵の土地と資源を与えるものではなくなっていたから、押し寄せてくる移民たちにいつまでも扉を開け放っておくことはできなかった。移民を制限する必要があることについては議論の余地がなくて、問題は、政策選択の基礎をどこに置くかだけだった。『偉大なる人種の衰退』が書かれたのは一九一六年、そして二一年には急ごしらえの割当移民法（the Quota Act）が連邦議会に提出されている。これは一九一〇年度の国勢調査によって外国生まれのアメリカ人を出身国別に数え上げて、その人口の三パーセントを国別の移民受入数の上限とする法律であった。二四年には、法の主旨はそのままに、人口算出の元データが一八九〇年度調査に変更されて、割当は二パーセントに減らされる。各年度の受入人数も一五万人と上限が設定された。いずれも移民の総数を制限すること、特に十九世紀末以降に急増した東欧、南欧地域からの新移民を減らすことを目的にしていた。二九年に追加された「出身国条項」によって割当上限の算出法はさらに複雑になる（なおカナダおよびラテンアメリカ諸国からの移民は制限対象から外されている）。

もし連邦政府の施策がレイシストのドグマによってかき乱されることがなかったなら、国にとってもっと意味のある基準を作ることができたのではないだろうか。移民の健康状態や教育程度を「出身国」によって測ることはできない。非英語話者や低賃金労働者を同化するためのコストを負担したくないのだとしても、それならもっと端的に、高い教育を受けた人物だけを選抜するような制度を作ればよかったはずだ。年ごとの受入上限数も具体的根拠のある数字ではなかった。労働者人口を増やすことでメリットの方が大きくなるか、デメリットの方が大きくなるかはその時々の経済次第である。大恐慌のときに移民局は「公共の負担となる恐れ」という法文を自由自在に解釈して流入人口を調節しようとした。しかし公共の利益のためには、この判断はファクトに基づいた専門家集団に委ねられるべき事項であった。労働人口というアメリカ経済の重要因子が、一行政部門の考え方次第で特段の根拠もなく決定されていたのだ[11]。

初期移民による攻撃

この時期のアメリカのレイシズムの文献[12]は、人口のうち相当な割合を占めているはずの黒人についてほとんど触れていない（現代の私たちが黒人をまるで無視するかのように扱っていることは、この時代の論者たちの偏見と通じるところがある）。その一方で、初期移民であってもいまだ同化していない労働者と、新移民ながら既に成功を収めている者では、やはり人種要因が働いているのだということを事あるごとに言い募るのだった。我らがアメリカは移民受入れを即刻中止して、既に入国してしまったものについては交雑を最小限に食い止めるよう手を打つべきだ、と。

アメリカのレイシズムはなかなかの見物である。少し前にやってきたというだけの移民が束になって、後からやってきた移民に必死になって罵詈雑言を投げつけるのだから。アイヴァンホーの時代のノルマン人は、サクソン人を文明化するなんてとても不可能だと思ったに違いない。ちょうどマディソン・グラントが一九二〇年代に、非北方系に対して思ったように。しかし現実はどうだろうか。時代は変わって、アングロサクソン系が今はどうやら一番偉そうにしている。現代の私たちが何の価値も置いていないようなものに、未来のアメリカ人もきっと誇るべき遺伝資産を見出すのだろう。

レイシズムとナショナリズム

十九世紀末、ヨーロッパでは国家間の緊張が著しくなっていた。ナショナリズムが他の一切よりも優先されるまでに肥大していた。階級間の対立もマイノリティの声も押し潰された。『人種不平等論』が忘却の墓場から蘇って、そのドグマが熱烈に歓迎され、また広く読まれるようになっていた。もともとの封建制礼賛の書としてではなく、このときには愛国至上主義の書として。

現代のヨーロッパ諸国やアメリカで階級ごとに人種が違うなどというのは全くあり得ない話で、ましてや国家ごとに一つの人種があるなどとはもはやファンタジーである。ヨーロッパでは少なくとも上流階級は男系によって土地を世襲するし、生物学的にはどのような祖先も名字のように大切なものであるから、個人にとって遺伝が大きく影響するというのは嘘ではない。しかし国家の単位で遺伝するものがあるなどというのは嘘である。レイシズムが階級闘争だった頃のスローガンが復活するにつれて、あらゆる国家が「人種」において区別されているという考え方が広まった。フランス人とドイツ人が違うのは人種が違うからだ、と。

バベルの塔の混乱

二十世紀というナショナリズムの時代において、レイシズムは錦の御旗であった。「父祖の地」と国民を結び付けて、しかもそのことを自尊心の拠り所にできるようなたすきが必要だった。自分たちこそ一番正しくて、由緒正しくて、優れているのだという声が大陸の四方八方から聞こえてきて、バベルの塔の混乱をみるようだった。自分たちの主張を通すためなら、事実を捻じ曲げることも、嘘八百を並べたてることも躊躇しない。国家規模になると、レイシズムは科学的客観性を装うことさえしなくなる。

国家主義のレイシズムが大波となったのは、一八七〇年に普仏戦争に敗れたフランスが最初である。プロイセン軍がパリを陥落させて、ビスマルクがライン川以西の諸王国と公国を従えてドイツ統一を果たした。一方のフランスはヨーロッパ列強としての誇りを打ち砕かれた。内政も混迷していた。国民全体が恥辱に覆われたことを契機にして、それまで互いに対立していたフランス国内の三つの階級は共通の敵を見出すことになった。

ゴビノーの理論は、純粋なアーリア人（チュートン人）であればフランス人もドイツ人も、勝者も敗者も金髪長頭スーパーマンであると言うだけだったから、戦いに敗れたばかりのフランス人を慰めるには不十分であった。そこでパリ自然史博物館館長だったカトルファージュは『プロイセン人種』[13]を出版し、ビスマルクに率いられた王国がフランスとは全く異なる祖先をもつことを主張した。カトルファージュによれば、プロイセンの住人はまったくアーリア人ではなかった。プロイセンにいるのは、ヨーロッパをかつて侵略したアジア人とフィン人の交雑から生まれた民族であるらしかった。フランスの高度な文明を破壊するなんて、ドイツはヨーロッパに災厄をもたらした蛮族の国に違いないというわけである。

国民感情の深い溝は、まったく違った形で表面化することもあった。フランス人体計測学の先頭に立っていたブローカは、遺骨を含む頭蓋骨測定について全五巻の大著[14]を発表し、(既に知られていたことだが)自国には幅広頭のほうが数の上では優勢であることを提示した。そこでフランスはガリア系幅広頭の国家であり、幅広頭が劣等であるというゴビノー説は誤りであると宣言される。幅広な頭蓋骨のほうがより大きな脳を収められるではないか、と。ドイツ人は北方系の血を誇りにしていればいい、我らフランス人はガリアの血を誇ろうとさえ言っているが、しかし問題は、ドイツでも多数派は幅広頭である事実だった。

ブローカもカトルファージュも共に、精確な人体計測の大規模データを集めた点では先駆者といっていい。ヨーロッパ人の身体タイプについて相当の知識をもたらしたことも間違いない。しかし新しいデータをたくさん集めた功績と、そこから引っ張ってきた結論が正しいかどうかは別の話である。客観的な調査結果は一つ残らず、頭蓋骨が幅広だろうと細長だろうと同じくらいに機能する脳が収まるらしいことを示していた。体つきに関してドイツ人もフランス人もほとんど変わらないことを表してもいた。このきわめて不安定な土台に、不安に怯える自国民と憎き敵国民を分かつ溝が刻み込まれるのだった。二人のレイシストの理論は、データがいかに政治的なモーメントによって歪められてしまうかの好例である。

ブローカの影響から「一八七〇年世代」の芸術、文芸評論、政治談義には、ケルト文化への強烈な傾倒が生じた。都合よく曲げられたケルト観によってフランス国民はイングランドに親しみを覚えるようになって、フランス東部の対ドイツ防衛線における二国の協力が可能になる。歴史家もこの運動に参加した。歴史学の泰斗フュステル・ド・クーランジュは、フランス文明の形成にゲルマン人は一切関係がないと書いている。

ワーグナーとドイツ国家

ライン川の対岸でも同じころ、人種理論が急速に形成されていった。熱狂的国家主義者としてのリヒャルト・ワーグナーは『人種不平等論』に我が意を得たりといった様子で、この本を献身的にドイツ国民に広めた。ゴビノーの死後、一八九四年に「ゴビノー協会」が作られて、そして九九年にはワーグナーの娘婿であるヒューストン・チェンバレンによって『十九世紀の基礎[15]』が書かれることになる——北方系を至上の存在とする考えを、カルトの域にまで持ち上げた著作である。

　現代の私たちから見ればこの分厚い二巻本は、レイシズムが生んだ混乱と歪曲と冗漫の極みである。けれどもこの本は歓迎されて、しかも特別に高く評価された。ドイツ皇帝はこの本を息子たちに読み聞かせて、将校たちに配付し、ドイツ全土の図書館および書店の一番いい棚に並べさせた。重い本が飛ぶように売れた。そうしてドイツ国民の頭に、その思想が少しずつ刷り込まれていった。

『十九世紀の基礎』は実のところゴビノーを手厳しく批判しているのだが、どちらの著者もはっきりとレイシストであって、その点ではほとんど変わりがない。しかし時代は封建制から近代国家主義へと移っていて、それに合わせて過去・現在の「人種」の再定義が行われている（言葉の意味を変えて帳尻を合わせることは、レイシズムにとって日常茶飯事である）。ゴビノーにとって失われたスーパーマンたちであった古代ゲルマン民族は、チェンバレンの考えでは、ヨーロッパ各地の貴族たちにその末裔を残していた。そしてこの古代ゲルマン民族の末裔たちが連合して、現代のドイツ国家を守ろうとしているらしかった。貴族ではなくとも現在協力してドイツ国家を守ろうとするなら、古代ゲルマン民族に由来するチュートン人となる。チュートン人なら金髪碧眼の北方系でなくともよい。これはもちろん、古代ゲルマン民族の血を引くのが金髪碧眼白い肌の人間だけだとすると、国民全員を動員することができなくなってしまうからである。

当然のことだが、ドイツ国民には金髪もあれば、ブルネットもあるし、頭蓋骨の形も様々である。だからチェンバレン流の「チュートン人」は、細長頭の金髪でも幅広頭の黒髪でもどちらでもよかった。もはや頭の形も髪色も関係ない。タキトゥスが記述した古代ゲルマン民族の一部としての「チュートン人」はもうどうでもよくて、ケルト系だろうとスラヴ系だろうと構わなかった。「ケルト人もスラヴ人もチュートン人も、すべて一つの純粋種から生まれたものだ[16]」。だからチュートン人の手柄は選ばれし民全員の手柄である、と。こうやってチェンバレンは、ゴビノーのレイシズムを組み直して、ドイツ国民の全員がそこに含まれるような形にした。チェンバレンはドイツ国家をいつでも称賛して、選ばれし人々が素晴らしい純血を保っていると持ち上げる。そしてこの三つの人種が交わることは、不妊を防ぐことにもなるし、ドイツ国家の繁栄のためにぜひとも必要であるとされた。

しかし身体的特徴によって決まるのでないなら、一体何によってチュートン人かどうかが決まるのだろうか？――絶対の忠誠心である。忠誠心が何であるかを知っているのは世界中でチュートン人だけであるのだから。チュートン人とは、指導者の指示には何があろうとも絶対に従う民族を指しているらしかった。イタリア生まれであろうとフランス育ちであろうと、上に立つ人物に絶対忠誠を誓うことができるならばチュートン人である。チェンバレンによればルイ十四世もダンテもミケランジェロもマルコ・ポーロもイエス・キリストもチュートン人だった。「ドイツ人にふさわしい行動をとる者は、だれであれ皆ドイツ人である」。

ここまで来ると、人種を云々することに実質的な意味はなくなる。実際のところ二十世紀のヨーロッパ諸国民は混血児なのだから、そこにどうしてもレイシスト理論を打ち立てようとするなら、こうなってしまうこともやむを得ないのかもしれないが。

反ユダヤ主義も同じところから飛び出してくる。『十九世紀の基礎』にはユダヤ人を攻撃するありとあらゆるレイシストの中傷文句が載っている（そしてそのいずれもが私たちにナチス第三帝国のこの一〇年を思い起こさせるものだ）。ここでもやはりチェンバレンは、ユダヤ人を身体的特徴とか親族関係からは定義していない。近代以降のヨーロッパでユダヤ人を単離することなど不可能だと思ったからであろう。その代わり、自分たちの敵にはそうと見分けられるような考え方や行動の癖があるものだと説いた。「誰でもあっという間にユダヤ人になる……ユダヤ人と頻繁に交わったり、ユダヤ新聞なんかを読んでいるだけで、ユダヤ人になってしまうのだ⑰」

ナチズムの土台

チェンバレンは大戦後のレイシストの中で誰よりも腰が軽かった人物とみるべきかもしれない。都合の良いようにいくらでも話を作り替えたし、恥ずかしげもなく前言撤回したり、あるいは、そんなことは言っていないと否認した。それをみて他のレイシストも、チェンバレンの矛盾した言説をやはり自分たちの都合のいいように利用するようになっていく。

戦争が近づくほどにドイツでのレイシズム言説は、ますます過激に、ますます事実からかけ離れたものになっていった。一九一四年には、レイシズムが国家主義者たちの信仰にまでなっていた。世界大戦が終わってワイマール共和国が倒れると、失意のどん底でドイツはレイシズムを国家体制の根本に据えるまでになる。全能の支配者の論理であったレイシズムが、打ちひしがれた国民を慰めるために転用された。いま私たちが想像するほどには、これは難しい作業ではなかったようだ。

一九二〇年代に獄中のヒトラーが書いた『わが闘争』に、この変容の一端をすでに見てとることができる。戦前のドイツは人種という国家の基礎を、「この地での生の一切を可能にする唯一絶対の法則」を無視していた、そのせいで邪悪なユダヤが国家の乳房を吸った、戦争に負けたのは全部あいつらユダヤ人のせいだ、と。こうなると誰が北方系で誰がスラヴ系であるかなど政治的にはまったく些細なこととなって、ただ敵性人種であるユダヤ人かどうかだけが問題になってくる。逆に、ユダヤ人の親や祖父母さえいなければ誰であれ真正のドイツ人とされた（話が難しくなるとナチ理論は「ドイツ人らしく振る舞うものがドイツ人だ」とチェンバレンに戻るのだとしても、これは例外的な場合である）。こうしてレイシズムは〈国家社会主義〉、ナチズムの土台として固められていく。

プログラムの第一稿は、一九二〇年、当時はまだ無名の小グループの首領だったアドルフ・ヒトラーによって書かれた。曰く、市民権を得ることおよび公職に就くことはドイツ人のみに可能である、非市民は無職のドイツ人が一人でもいる限り解雇される、非市民がドイツに残留することができるのは特別法のもと外来者としての身分においてである、外国の血を引くものが移民してくることは法律で一切禁止する、云々。

ユダヤ人の迫害

一九三三年に権力の座につくと、ヒトラーはプログラムの歯車となる法案を次々に通過させた。すぐに散発的なユダヤ人に対する迫害が各地で激化した。そしてわずか二年後の秋には、ニュルンベルク法として知られる一連の法案が可決される。これによってユダヤ人のすべての市民権は停止され、ユダヤ人と非ユダヤ系ドイツ人の結婚は禁止、婚外交渉には刑事罰が科されるようになった。法が施行された月のうちに、ユダヤ人の子供全員が学校から締め出された。翌年にはユダヤ人の不動産および銀行資産がすべて政府によって剝奪される。三七年には、ユダヤ人を通商や小売業から排除するための政府による暴力がさらに組織的なものとなった。三八年、各地でユダヤ人に対する収奪がほとんど日常的なものとなって、そしてベルリンではユダヤ人が一斉逮捕された。この年の十一月十日にドイツ全土で行われた虐殺《ポグロム》は世界中に知れ渡る。[*2] ユダヤ人虐殺の過程で生じた損害はすべてユダヤ人が支払うべきものとされた。科せられた罰金は総計十億マルクとなった。

この頃には、ドイツやオーストリアから国境を越えて逃げ出してくる、困窮と絶望に挫かれた大量のユダヤ人難民が国際問題になっていた。それなのにベルリン警察は追い打ちをかけるように、ユダヤ人コミュニティの長老たちに毎日一〇〇人ずつユダヤ人の名前と住所のリストを送るように命令している。リストに挙げられた人間は、二週間以内に国外退去するように宣告された。一九三九年初めのことである。レイシズムが苦い果実を生み落としたのだ。

第三帝国のレイシズムは反ユダヤ主義だけが問題ではなかった。当初から汎ゲルマン主義のプログラムでもあった。一九二〇年の綱領には「大ドイツの全ドイツ人の連合」が謳われている。当時ドイツ人が住んでいたのはドイツとオーストリアだけではない。世界各地に計三〇〇〇万人のドイツ系住民が散らばっていて、たとえばアメリカにはそのうちの七〇〇万人が生活している。ナチス政府は各地のドイツ系住民も「私たちと同じくらい優れている」としていながら、もしもアメリカ合衆国のようなドイツ政府への反対分子を支持するような売国奴であると宣言していた。

第三帝国では、時々の政治的情勢によってレイシズムは風見鶏のように向きを変えた。チェンバレンは、人種的にチュートン人は麗しいキリスト教徒であるとしていたけれども、ナチ党機関紙の編集長であったアルフレート・ローゼンベルクは、教会こそ最大の害悪だと書いている。[18] ユダヤ的アジア的なカトリック教義という異教支配を許しているからというのがその理由だった。ローゼンベルクにとって山上の垂訓は退廃的で、北方系に対する反抗であると映ったらしい。[*3]

＊2　いわゆる「水晶の夜」のこと。

＊3　マタイ福音書五章から七章を指す。一部を以下に記す。
こころの貧しい人たちは、さいわいである、天国は彼らのものである。

悲しんでいる人たちは、さいわいである、彼らは慰められるであろう。

柔和な人たちは、さいわいである、彼らは地を受けつぐであろう。

義に飢えかわいている人たちは、さいわいである、彼らは飽き足りるようになるであろう。

あわれみ深い人たちは、さいわいである、彼らはあわれみを受けるであろう。

心の清い人たちは、さいわいである、彼らは神を見るであろう。

平和をつくり出す人たちは、さいわいである、彼らは神の子と呼ばれるであろう。

義のために迫害されてきた人たちは、さいわいである、天国は彼らのものである。

ドイツ・イタリア・日本の同盟

旧来型のレイシズムは、政治情勢の先鋭化にしたがってさらに根本的に変更される。既にみたように、チェンバレンはドイツ人の偉大性をチュートン人、ケルト人、スラヴ人の混交していることにみていた。しかし一九三四年から三九年にかけて第三帝国とロシア共産主義の対立が激しくなると、スラヴ人を選ばれしものの一員としておくことが都合の悪いことになった。ナチのプロパガンダによって、イデオロギーの観点からだけでなく、血統の点でもスラヴ人は劣っているものとされるようになる（三九年八月の相互不可侵条約締結が近くなる頃、スラヴ人に対する政府の批難はぴたりと止んだ。これをみて、独ソ政府間で何らかの条約交渉が進められていると確信した偵察者もいた）。

ドイツとイタリアの同盟も、似たような困難を生じた。世界大戦前および戦中のレイシズムは地中海近辺に住む人々に対する悪意に満ちていたけれども、いまや独伊枢軸に人種的根拠が必要だった。大変な努力がなされて、北部イタリアにはドイツ的要素があるということになった。昔からのドイツのレイシストは、アルプス以南の文化的達成はすべて北方系の血が多少とも流入していたから可能だったに違いないということで自分たちを納得させた（チェンバレン自身も、ダンテ、ペトラルカ、ジョット、ダ・ヴィンチ、ミケランジェロといったイタリアの巨匠たちを「北方系である」と言っている）。イタリアの側でも一九一五年にフランスと同盟を組むときには共にラテン系民族だということを理由にしていたのだし、今度はドイツとチュートン人同士ということで同盟を組むのも、それほど不審とは思われなかったのだろう。

日本との同盟を説明することは一層難しい。しかしヒトラーは非アーリア人を攻撃するときに日本人を除外しているし、そして実際に、ドイツ在住の日本人が人種法にまつわる法律によって生活を制約されることもなかった。ナチ体制下のイェーナ大学人類学教授ハンス・ギュンターは日本人の祖先は北方系であると断言しているし、「ナチ精神の監察官」ローゼンベルクも、ドイツの教育機関で教える公式見解として、生物学的に日本人はドイツ人と同じ統治者適性を備えているものとしている。――プロパガンダの後ろに軍隊と強制収容所がちらちらと見え隠れしていれば、どんな滑稽な主張であろうとも通用してしまうものである。

第三帝国においてレイシズムは科学と手を切ったのであって、もはや交渉や攻撃を有利に進めるための口実にすぎなかった。ドイツと日本の同盟関係がこれからどれくらい続くかは分からない。だから今日のドイツにあるレイシズムの理論が、今後数年間でどのような形をとるかは誰にも予測できない。これまでと同じことが続くようなら、どんな条約が締結されるか、あるいは破棄されるか、そしてどの政治勢力が力を得るかによってレイシズムの矛先は変わるのだろう。*4

＊4　一九四五年以降の版では、「ドイツと日本の――」で始まる一文が、以下の文章に差し換えられている。

「ドイツがロシアに侵攻したことで、ロシア人はふたたびドイツの「人種上」の敵と化した。また、ノルウェー人は、ナチのテロリズムに抵抗したので、今やベルリンでは公然と非北方人と宣言されている」(『人種主義 その批判的考察』筒井清忠・寺岡伸悟・筒井清輝訳)

レイシズムは政治家の飛び道具である

そしてこれは第三帝国に限ったことではない。レイシズムの研究をしていると、そのドクトリンが政治的な利害関係から形づくられたり、煽り立てられたりすることがあらゆる国で頻繁に起きていると分かる。ある時は血のつながった兄弟のように国と国が結びつき、またしばらくすれば宿命の仇敵として憎み合う。第一次世界大戦の前、イギリスの歴史家カーライルとJ・R・グリーンは勇ましいゲルマン系部族がイングランド人の祖先であるとしていた。しかし一九一四年には、「ドイツ人は一五〇〇年前の蛮族だった頃とまったく変わっていない、我らの祖先を攻め立てて、ローマ帝国の文明を破壊した頃から進歩していない」と。かつて東からやってきたモンゴル帝国の「フン族である」とまで言っている。そしてロシアは同盟国側についていたから、ケルト人の魂だとかスラヴ人の精神性だとかには丁重な言葉が並べられている。

国家的レイシズムの歴史は、排外主義《ショーヴィニズム》の歴史そのものである。私たちがヨーロッパの歴史を学び、生物学的な遺伝や慣習の受け継がれていく様式について知り、そして好戦的な愛国主義と一線を引くことができれば、レイシズムは雑音として消えていくに違いない。しかし私たちが傲慢無知であったり、あるいは恐慌に煽られて平常心を失うとき、分かりやすくて耳に心地よい物語がそっと忍び入る。自暴自棄になったとき、私たちは誰かを攻撃することによって自分を慰める。物語は、一方で私たちを時代の正統なる相続人と褒めそやし、もう一方で他者を根絶するべき劣悪な血族と貶す。この半世紀をみる限り、レイシズムの幹となっているのは科学ではなく政治である。

現代というナショナリズムの時代には、レイシズムは政治家の飛び道具である。遠ざけたい相手がいれば罵詈雑言をまき散らし、そして協力しておきたい相手がいるときには美辞麗句を送り合う。歴史をみるならば、レイシストの発する言葉が利己的な動機を隠すためにあることは否定しようがない。四方八方に撃ちまくることで弾幕を張っているのだ。

この世界はこうも問題だらけで、利害がそれぞれに絡み合っている。だから現実の仕事をするためには、レイシストのスローガンの背後にあるものを見つけ出さなければならないし、彼らが扇動しようとする対立が実際のところ何であるかを見極めなければならない。すべての闘いが悪というわけではないし、時にはそのどちらか一方に加担しなければいけないこともある。しかしその判断は、レイシズムという危うい足場に立って行われるべきではない。

第八章　どうしたら人種差別はなくなるだろうか？

一つの民族や人種によって文明が進歩してきたと考えるのは誤りである。ここまでに見てきた通り、あらゆる科学的知見がそれを否定している。もちろん特定の民族を排除することで未来が安全安心になるなどということもありえない。他者を排斥することで社会が良くなるなどということは、歴史学によっても、心理学によっても、生物学によっても、そして人類学によっても正当化されることはない。

レイシズムは科学の滑稽画である。科学の名のもとに、自分の所属するグループ（社会階級のことも国家のこともある）が特別に素晴らしいものだと主張されて、そして特別な権利や約束された栄光があると謳われるのだから。でもそれならどうして、私たちの生きるこの時代にレイシズムがこれほどにも大きな問題となってしまったのだろうか？　この問いを避けて通ることはできない。どのような答えを差し出すかによって、解決への道のりが変わってくる。

答えを見つけるために、果てない自己との対話を繰り返す必要はないだろう。歴史が教えてくれる。それに目を向けるだけでいい。すでに見たように、レイシストが叫んでいるドグマは近代以降に生まれたものである。でもその背後にあるのは、人類が生まれて以来の恐ろしく古い強迫観念だ。表面だけ新しい雰囲気で飾られているに過ぎない。自分たちだけが特別に優れていて、もしも力が衰えてしまったら、価値あるものがすべて滅びてしまうという、太古からの強迫。このために、ほんの少し道を譲るよりも、一〇〇万人を殺すことのほうが選ばれる。歯向かうものを皆殺しにすることが聖なる使命と言われてしまう。

戦いの舞台は遷移する。かつて戦場だったところに寛容の旗を立てると、人々は振り返って「昔の人間はなんて頭がおかしかったんだ」と思う。自分たちが過去の人間とは違って、輝かしい進歩を達成したような気分にもなる。しかしそのうちに新しい世代が起きあがって、かつての前衛を古い世代とみて批判するようになる。非寛容をあちらからこちらに移し替えただけじゃないか、と。

異端審問

何世紀にもわたって、主戦場は宗教であった。カトリック教会の異端審問はただ異端派を次から次に火炙りにしていただけでなく、同時に、多数派に特別な価値と正当性があることを確認する行為でもあった。このことを無視して人種問題を取り扱うことはできないだろう。現在争われているのが宗教ではなく人種であることには、そういう時代だからという以上の理由はない。異民族の迫害と異端者の迫害は瓜二つである。いずれの場合にも、多数派の側には神聖な使命があることになっている。少数者を殺し、略奪し、奪い取った金品によって懐を潤す。刹那的な政治のために、過ちの戦線をひらき、文明を粉々にしている。宗教を理由にした迫害にそれらしい理屈がつけられていたように、人種を口実にした排斥にもやはり正当化のためのそれらしい文言が伴っているものである。時代が違っていても、どちらも倫理的に望ましい行為とされていたのだ。

中世には、神の永遠の生命に比べれば人間存在など些末なことであったし、そして幾千の魂を惑わす反キリストを殺すことは人道的なことだった。もちろん今日の私たちから見ればこの考えは誤りである。しかし人々が「自分だけに神聖な司令が下った」と思ったのは、決して無知蒙昧だったからではない。むしろ世界をより清いものに、少しでも数多くの魂を救済しようとしたからである。教会にとってこれは価値のあるものだった、現代の私たちにとって愛国心や階級のプライドが価値を持つように。しかし歴史が教えるところでは、対立する一派の殲滅を訴えるキャンペーンが現れたとき、結局はどちらの派閥も苦しむことになり、最後に待っているのは社会全体を巻き込んだ悲劇である。

異端審問もそうだった。十三世紀前半、ローマ教会の世俗権力は絶頂期にあった。この時期は宗教裁判がもっとも盛んに開かれていた年代と重なる。この頃には異教徒狩りが、今日のユダヤ人迫害のように行われていた。マイノリティに対する敵愾心の暴発である。差別をする側にとって短期的な利益があったところも同じだ。攻撃が政治的目的に適っている。被差別者の資産を没収して自分たちのものとしている。そして憎悪《ヘイト》の喧伝によって現実の問題から注意関心が逸らされている。

歴史を振り返ると、この「現実の問題」には二種類があった。司教や王、そしてどのような拷問も奪い取ることができなかった内心の自由がその一つ。そしてもう一つはカトリック聖職者の世俗的な堕落である。当時は教会の最高指導者会議でも堕落への懸念は取り沙汰されていて、イルデブランド（教皇グレゴリウス七世）やクレルヴォーのベルナルドゥスも様々に改革の試みを行ったが成果はなかった。折悪しく、異端派がカトリック教会は快楽に溺れていると非難の声をあげる。これをみて教会は、自分たちに都合の悪い異端派を踏みつけて皆殺しにするために、憎悪を煽るキャンペーンを張ることを決める。これによって多くの非主流派の宗教者が殺され、そして代わりに、真の改革への関心は薄らいで先送りされた。

南フランスでは、カペー王朝と対峙するため、教会は異端審問を政治闘争の道具にした。フィレンツェでは教皇派ルジェッリ師の過酷な弾圧によって、皇帝党の反乱が拡大した。フランスであれイタリアであれ、あるいはスペインであっても、権力の奪い合いが絡んでいるときほど異端審問は大掛かりになった。異端派を火炙りにして、拷問をしてでも改宗させよという大衆の声もあったけれども、しかし財産を押収することの方が社会にとってより大きな作用因子であった。審問はそのための大義名分とされた。

異端審問によって没収された財産は、古くから世俗側に還流されている（教皇、つまり宗教者側も没収財に浴するようになるのは一二五〇年以降のことだ）。異教徒狩りは儲けになったから、富と権力に執着するものはいつもその機会をうかがっていた。排斥のドグマの裏にある権益はいつも巧妙に隠されて、異教徒は反逆の罪人であるとだけ強調された。

アルビジョア派の宗教裁判

「神の名のもとに」行われた最大の宗教裁判は、十三世紀前半に南フランスのアルビジョア派に対して行われたものであろう。アルビジョア派の拠点はプロヴァンス地方にあって、そこはローマ教会が掌握しきれていない地域でもあった。当時の南フランスは、北部に住む王侯たちからは一定の距離を置いていて、隷属からは遠かった。とくにトゥルースの歴史は輝かしい。二〇〇年にわたって独立主権を守り、文芸に対する敬愛が厚く、それを下支えする富があった。フランス全土で最も裕福な街の一つであり、そしてその文化はパレスチナのサラセン人、スペインのムーア人との交流から生まれたものであった――当時の西欧世界において、もっとも先進的だった地域と言ってもいいかもしれない。

アルビジョア派はマニ教の影響を受けた異端の一派で、原罪から抜け出すために厳格な禁欲主義を説く。善悪二元論の教義を持ち、植物に含まれる光を取り込み、肉に含まれる闇を避けることでのみ官能行為の暗闇を消し去ることができるとしていた。厳しい修練によって

「完徳者」となると、多くの東洋の宗教と同じように、聖なる存在として在野信徒から尊敬されるようになる（異端諸派にみられる二元論はシンプルであるから不安定な時代には悪についてて説明してくれる理論として登場することが多い）。しかし実のところ、アルビジョア派の教義を直接に確認できる資料は残されていない。教会の派兵した十字軍によって、信徒もろとも焼き払われたからだ。現代の私たちがアルビジョア派について知る手掛かりは、守旧派カトリック教会側の有力者が残した大量の糾弾文書である。

当時プロヴァンス地方はカトリックの支配圏内にありながら、その地方文化はローマに起源を持つものではなかったから、教会はまだ一帯を掌握できていなかった。町民階級が力を得るにつれて異端派も強くなる。そしてこの町民階級の勃興をローマ教会は恐れていた。当時、教会は世俗権力の絶頂期にある。教皇はフランス北部の聖職者に対して、プロヴァンスを打ち砕くためのキャンペーンを張るように指示した。そしてさらに征伐のための十字軍を募る。歴史の汚点となる宗教戦争の始まりだった。住民を大量殺戮した結果、教皇についたフランスのカペー王朝は南フランスにまで勢力範囲を拡げる。土地の文化は根絶やしにされた。潜伏した異端派を火炙りにすることは、この街でその後一〇〇年にわたって続いた。

ユグノー弾圧

異端審問が近代以降に行われたことはないが、しかし宗教の名のもとに殺し合うことが終わったわけではなかった。特に十六世紀から十七世紀にかけてのフランスを舞台にした対立が最も長く、そして悲惨だった。

十六世紀中ごろのフランスでは、プロテスタント（「ユグノー」）が人口の相当な割合を占めるまでになっていた。かつてのアルビジョア派のように、ユグノーの大半は裕福な中産階級市民であって、そして彼らはフランスの王侯に権力が集中することを良く思っていなかった。一五六二年から一五九三年にかけての一連の血みどろの抗争は宗教の名のもとに行われたが、実情は政治的・経済的な主導権争いであった。[*1]

ユグノーの指導者アンリ四世が王位に就いたことによってナントの勅令が交付されて、プロテスタントの側に全面的に市民権が認められることになった。ユグノーの政治的・宗教的な自由が法によって保障されることになった。新教側にとってこれは紛れもない勝利であったが、しかし例によって、これで争いが終わることにはならなかった。アンリ四世自身は王位についてからカトリックに改宗していたし、王の下にいたカトリック聖職者はナントの勅令を認めていなかった。この頃に権勢を誇ったリシュリューは、枢機卿でありかつ国務会議を掌握してもいたが、彼は権力を国王のもとに集中させることを目論んでいたから、ユグノーを邪魔に思っていた。宰相リシュリューは、宗教の名のもとにユグノーを徹底的に弾圧した。リシュリューの死後、ルイ十四世によって王権はさらに拡大されて、フランスの絶対王政が完成することになる。完全無欠の絶対王政という夢は、ユグノーがいなくなったことで

った。

資産は没収されて、その過程で四〇万人が殺されて、そしてその分だけルイ十四世の懐は潤るか、それができなければガレー船で奴隷労働させられた。一連の施策によってユグノーの不要であると言って、ナントの勅令を廃止する。実際には、プロテスタントは国外に逃亡すも法によって正当化された。一六八五年にルイ十四世は、臣民は皆カトリックであるゆえに「王の宗教」のためには、新教の弾圧、市民権の剝奪、そして竜騎兵[*2]による残忍な拷問さえ叶ったかのようだった。

時代遅れになった体制を新しくしようとして人々は声を上げるが、既得権益をもつ党派や団体がそれを押し殺す。拷問や、死刑や、財産押収がその手段である。権力の側についていれば、いつでも好き勝手にできる。しかし歴史の上では虚しい勝利である。異端審問が最盛期となった後は、教会の世俗権力もプロヴァンス文化も凋落する一方だった。ユグノーを弾圧した後には、ルイ十四世の破滅的な時代が待っている。「我が後に洪水きたれ」とはよく言ったものだ、自分の生きている間だけ良ければ後はどうにでもなれというところだろう。アルビジョア十字軍とユグノー弾圧は、レイシズムが現れるまでの長い人類史に現れた、マイノリティ・グループ迫害のほんの一部の例である。特に規模が大きかったからここに挙げたのであって、決してこの二つだけだった訳ではない。マイノリティ・グループを暴力で抑えつけることは、二十世紀になっても続いている。十三世紀や十六世紀にあったのと同じように、今日の世界でも、経済的な都合によって少数者が矢面に立たされている。

＊1　いわゆる「ユグノー戦争」。仏 guerres de Religion、英 Religious Wars（いずれも「宗教戦争」の意）と呼ぶのが西欧では通例。

＊2　銃を装備した騎馬兵隊のこと。

幽霊を呼び出す呪文

二つの教訓から私たちは何を学ぶべきだろう。その第一は、人種に対する迫害を理解するためには「人種」ではなく「迫害」の歴史を研究した方が良さそうだということである。少数者に対する圧迫は、レイシズムの登場するずっと前から繰り返されてきた。社会が変化していくことは不可避であるにもかかわらず、旧体制に親和的な人々はいつも新しい勢力を押し殺そうとしてきた。体制との結びつきは金銭であったり、宗教であったり、政治的な同盟関係であったりする。体制側についた党派は、意識的か無意識的か、自分たちが特別に優秀であることの理屈を探し出してくる。同時に、反旗を翻した者たちが文明を堕落させる存在だとも言うようになる。既得権益の側は、自分たちには代々受け継いだ権利があるのだとか、王権は神聖であるとか、宗教の正統性があるとか、人種が純粋であるからとか、「明白なる運命」によってとかと言い出す。いずれも一時の情勢を映し出したものに過ぎない。スローガンを拵える文筆家さえ、それが永遠の真実であるとは思っていないのではないか。

その意味で、かつて喧伝された「彼のおかげで戦争いかずに済んだ」とか「クーリッジでクールに行こう」[*3]も、ナチスの北方系至上主義の文言も同じである。社会がほんの少しでも方向を変えれば、いずれもむなしく消えてなくなる言葉たちだ。時代が信じたいものを信じているほど、そして時代が無視したいものを無視しているほどスローガンは優秀である。宗教が第一であった年代には宗教を理由にしてマイノリティは攻撃されたし、経済とか政治が大事になれば、適当に理由を変えてマイノリティは迫害された。

かつての宗教的スローガンがそうであったように、人種をことさらに強調する今日のスローガンはやはり有効であるようだ。特定の階級や国家の利益のためにマイノリティを迫害することを正当化してくれる、という意味で。人種を言い立てるのは時代の気風にも合っている。二十世紀になって「科学」は幽霊を呼び出す呪文になっている。化粧品メーカーの広告では「使ったその日から」と「科学的に証明されています」が殺し文句になっている。どんな口紅も、フェイスパウダーも「科学的」なセールスポイントがないといけないし、そしてその誇大広告をみて実際に数百万人が売り場に走る。インチキ薬品だって科学を謳うし、栄養ドリンクも、健康食品も科学の力をアピールする。科学風のスローガンがいまやあらゆる商品に貼り付けられている。そしてこの「科学」が、口紅を売るかのように、マイノリティの迫害を宣伝している。

本職の科学者たちは、どの口紅にも大した違いはないこと、それどころか口紅を塗ること自体がそもそも身体に悪いことを示してみせる。科学者たちは、特別に優秀な人種とか特別に高潔な民族なんて存在しないと明らかにしている。化粧品メーカーの広告と同じでレイシストの宣伝文句にも妥当性など全くないのだ、と。科学とは知識の体系である。魔術の総目録ではない。しかし科学者ほど、現代において科学が呪文のように思われていることを目の当たりにする。

＊3　一九二四年のアメリカ大統領選に現職としてのぞんで再選をはたしたカルビン・クーリッジのキャッチフレーズ。

多数側による迫害のメカニズム

人種差が喧伝されるのには、さらに別の理由もある。西欧社会では多くの人種が混じり合って生活するようになった。一つの国家、一つの州、一つの街にさえも多くの人種があって、さらに国家主義の戦争ともなれば複数の国家が絡まり合う。だからこそ人種は都合のいい攻撃目標になる。レイシストが声を上げるのは、自分たちの所属するところが純粋であるからではなく、むしろ純粋ではないからなのだ。

混血が進んだ民族ほど人種の純粋性を称揚していることはよく知られている。このパラドックスは、ただ人種をみるだけなら単なるナンセンスのままだ。しかし多数側による迫害のメカニズムを検討すると浮かび上がってくるものがある。身近に存在しない集団に対して対立を仕立て上げることは難しくて、逆に、日々のコンタクトが多いところに敵愾心を煽ることは易しい。だからこそかつての宗教のスローガンが退いて、代わりにレイシストが科学風味のスローガンを持ち出すようになった。権力側が自分たちの利益のために少数者を攻撃する点においては、何も違いはないけれども。

人種差別をなくす方法

体制側による迫害を正当化するために人種間の対立が言われていることだけ押さえておけば、レイシストの論理にみられる珍妙な矛盾も不思議ではなくなる。人類の本性に背くものとしてレイシストは通婚を批難し、そして歴史家・生物学者・人類学者がこれを繰り返し論破してきた。「自然が通婚を禁じているなら、どうしてそれがこうも頻繁に起きているのか?[1]」と。しかし通婚を批難することが常に二つのグループ間に対立関係を生み出すことに着目してみよう。実のところ、批難の対象が人種間の通婚である必要は全くない。ローマの貴族は平民との結婚を嫌ったし、カトリックはユグノーとの結婚を避けていた。同じ人種にだけ性的魅力を感じる本能が人類に備わっているからではなく、内集団の特権をアウトサイダーに渡したくないために通婚が批判されるのだ。もしも内集団がアングロサクソン系であるかどうかによって定義されるなら、植民地の先住民族との結婚は否定される（婚外交渉は否定されない）。インドでの英印混血児や、南米でのムラートが相当な数にのぼることは、他の人種と交わることの禁忌があくまでも文化的なものであって生物学的なものではないことを証明している。

人種差別を目に見える差異によって説明しようとするのも誤りである。顔の形や皮膚の色が違うから人々は人種差別をするのだとしてしまうのは、あまりに表面的だ。アルビジョアの民衆やユグノーには、皮膚の色や鼻の形状について明らかな差異などなかった。一方で、貧困にあえいでいるかどうかは、皮膚の色と同じくらい外見上の差異を生んだはずだ。グループをどうやって分けるかは極めて恣意的である。日曜のミサに行くかどうか、hを発音するかどうか、と。[*4]

原始的な部族民は、同じ人種・同じ言語を使うものであっても、隣の集落の人間をみたら即座に殺すということが知られている。籠の担ぎ方が冒瀆的だからというのがその理由だ。肌の色が「目に見える」からではなくて、肌の色が何世代にもわたって受け継がれていくということが人種差別をこれまでにない問題としている。ミサに行くのを止めたり、洗礼を受けるのは簡単である。もともとユグノーであったアンリ四世は「パリが手に入るなら、ミサくらいなんでもないさ」といってカトリックに改宗できた。あるいは戯曲『ピグマリオン』のヒロインは強烈な訛りも上品なオックスフォード風に矯正できた。しかし肌が黒ければあのように上流階級に潜り込むことはできなかっただろうし、それは孫の代になっても同じことである。境界となるものが永続的であることこそ人種差別の本質であって、「目に見える」かどうかだけが問題なのではない。歴史を振り返ると、マイノリティの迫害は激しいときもあれば、穏やかなときもあった。しかしそのことは、取り上げられた差異が可視的であったかどうかには関係がなかった。

異人種に対して本能的な敵愾心があるのだとか、目に見える差異があるから反発するのだとかは机上の空論であって、人種差別の本質を考えるうえで大した意味はない。人種の対立を理解するためには、人種とはなにかではなく、対立とは何であるかを突き止める必要がある。人種差別として表面化したものの奥に、あるいはその根本に何があるのかを知る必要がある。文明を自負する私たちが差別をなくそうとするなら、まずは社会の不公正を解決する手立てを見つけなくてはならない。人種とか宗教に寄りかかるのではない形で不公正を是正して、そのことを一人ひとりが共有財産とする必要がある。権力の無責任な濫用をなくし、日々の尊厳ある生活を可能にしてくれる方策ならば、それがどの領域で行われるのだとしても、人種差別を減らす方向に働くだろう。逆に言えば、これ以外の方法で人種差別をなくすことはできない。

＊4　英国を中心として、hの発音を省略することは教育程度が低いことを表していると考えられていた。

反ユダヤ主義とドレフュス事件

そもそもの問題が人種ではないことに、私たち皆はもう気づいているではないか。既得権益層は死にものぐるいで現状維持を行い、持たざるものがそれを批判する。貧困、雇用不安、政府間の対立、そして戦争。捨て鉢になった人間は生贄を求める。一瞬の間だけ、惨めな境遇を忘れさせてくれる魔法である。支配する側の人間、搾取する側の人間は生贄を捧げることに反対しない。むしろ積極的にそれを推奨する。人々が暴力沙汰に興じているのは支配層にとって好都合でさえある。もしそれがなくなったら、怒りがいつ自分たちに向くかわからないから。

ナチスの再軍備計画によって民衆の生活は苦しくなった。労働時間が長くなり、それなのに手取り賃金は減った。そこで一九三八年にヒトラーは、そもそも一九一九年にドイツが負けたのはユダヤ人のせいなのだと言い出した。そして暴動を扇動した。——これは二つの目的にかなっていた。栄養不良に陥った国民に怒りの捌け口を、しかも政府にその矛先が向かないような捌け口を作り出すことができた。そしてさらにユダヤ人の資産を政府が接収する口実となった。

第三帝国はヨーロッパに古くからあった反ユダヤ主義に便乗したに過ぎない。人種問題ではなく宗教問題としてだが、中世からユダヤ人迫害はあった。カトリックが異端宗派と交流を持つのを避けるように、ユダヤ教徒とキリスト教徒の結婚は忌避されていた。十字軍の時代のポグロムは民衆によって行われた。出征の真似をして、キリストの死に復讐しようとしたのだ。十字軍はアラブ人とトルコ人を征伐し、我々はユダヤ教徒を殺す、というように。

つまりユダヤ人とトルコ人は人種として結びつけられたのではない。二つが並列されたのは、前者がキリストを殺し、後者がその墓を手にしているからであった。だからユダヤ人を人種として皆殺しにしようという運動もなかった。回心を表明すれば、ユダヤ教徒はひとまずの安全を手に入れることができた。ユダヤ人に多少とも好意的な宗教指導者や教皇は、「力によってユダヤ教徒に洗礼を受けさせることがあってはならない、キリスト教の祭礼に参加することや印をつけることを強制してはならない」とする法令を発布している。世界大戦の時までも、レイシストは民族抹殺ではなく混交によって摩擦を解消しようとしている。十九世紀末にドイツ政府内でレイシズムを推し進めた、国家主義の歴史家トライチュケもこれに賛成していた。

しかしヨーロッパ全体でレイシストの声が大きくなるにつれて、ユダヤ人はユダヤ教徒としてではなく、ユダヤ人種として攻撃されるようになる。一八八〇年までに、ポグロムが大波のようにヨーロッパを襲った。土地所有が禁じられていたためにユダヤ人は都市ゲットーで生活せざるを得なかったのだが、このことがユダヤ人はブルジョワジーであって都会生活を謳歌しているのだという風に曲解された。ユダヤ人は嫌われ、大昔からの宗教上の敵意が増幅されて、排斥は激しくなった。

八〇年代のドイツでは社会民主党を攻撃するために、(皮肉にもブルジョワジーを中心としていた）保守党員によって反ユダヤ主義のデマゴーグが流布された。そしてユダヤ教会堂は焼き討ちされて、ユダヤ人への暴力は処罰されずに黙認されるようになった。カトリックの子供の血がユダヤ教の儀式に使われているという噂話が、また広まった。あるいはフランスでは九〇年代のドレフュス事件によって反ユダヤ主義が爆発した。おそらくこれが戦前期のヨーロッパで反ユダヤ主義の最高潮となった瞬間であろう。軍隊に代表される反動的党派がアルフレド・ドレフュス大尉を濡れ衣によって「炎上させた」事件は、一年間にわたってフランス世論を二分した（フランスの名誉のために付け加えておくと、陰謀のあったことは後に明らかにされて、ドレフュスは名誉回復された）。真に反逆の罪を犯していたのは、大衆の反ユダヤ感情を利用して自分たちの地位を守ろうとした軍部である。

南北アメリカの黒人問題

現代では人種問題ということにされているヨーロッパの反ユダヤ主義の歴史について、それを詳しく見れば見るほど、人種の問題ではないことがはっきりしてくる。むしろ市民権の不平等という、大昔からの課題である。ヨーロッパには古くからユダヤ教徒への憎悪という奇妙な因襲があった。ユダヤ教徒は禁制品の備蓄をしていることがあったから、その点も窮乏した政府や大衆から目を付けられる原因となった。労働者であれ、宗教の一派であれ、あるいは人種集団でもいいが、何らかのグループが法的平等権、生命権、選択権、勤労権において差別されているとき、体制側はその状態を資本化して利潤に転換することができる。だから強い抗議があったとしても、真に責任のある部門ではなく、体制側に危険の及ばない別の方向に批判を向けかえようとする。

ロジカルに考えれば、反ユダヤ主義を解消するためには全ての人間に全面的な市民権と機会を保障すればいいことになる。これはあらゆるマイノリティ問題に通じる方策でもある。ユダヤ人であれば証拠がなくとも有罪になるだろうという目算がなければそもそもドレフュス事件は起きなかっただろうし、国家が通常通りの処罰をすると思われていれば一九三八年にドイツ全土でポグロムが巻き起こることもなかった。全員にフル・スペックの人権を保障することは、マイノリティのためだけの策ではない。少数派は生贄にされているだけであって、野蛮返りしているのは迫害に加担している多数者の側である。もしも私たちが平等のための対価を払わないのであれば、私たちが、つまり迫害する側にいた個人が、いつ罠に嵌められて、そして反逆者として指さされることになってもおかしくない。

アメリカ南北戦争以降の黒人問題も、同じ教訓を与えてくれる。カラー・ラインを乗り越えるためにただ一つの意味ある政策は、黒人に対する法的・教育的・経済的・社会的差別を一切廃止することである。南部諸州でこのような差別撤廃が反対されるのは、一つにはかつての奴隷主根性が残っているからであるし、もう一つにはアメリカ黒人の多数が劣悪な環境によって自尊心を挫かれているためである。しかしたとえ黒人の大部分が全面的な市民権への準備ができていないのだとしても、貧困や無教育を固定化している社会状況をまずは変えなくてはならない。そうでなければ、より良い環境における市民としての選択の機会はいつまでも奪われたままである。取り除くことのできない性質について悪罵されることがなく、日々尊厳ある生活を送り、その生活を周りからも尊重されること、これが人権である。そして人権の保障されることは、ただ一人だけの問題ではなく、社会のより深いところに響くものを残すはずである。

黒人の行政的な処遇が平等であった南米の各地では、南北戦争以降のアメリカとは比べ物にならないくらい状況が良い。ブライス子爵はかつて、ブラジルについてこう語っている。「ブラジルは、アフリカ東西沿岸のポルトガル植民地を除いて、ヨーロッパ人とアフリカ人が法律や慣習によって隔てられることなく混じり合っている唯一の国である。人間の平等と連帯の教えがここでは完全に実践されている。そのために階級間の摩擦もほとんどか、あるいは全くない。白人が黒人に私刑を加えたり、虐待することもない。時折の政治的擾乱を除けば、南米大陸に到着してから私刑騒ぎを耳にすることはなかった。黒人が生意気だと言いがかりをつけられて攻撃されることもなく、道徳や財産を持たないことや無学である人口のうちから自然的に発生するもののほかには、犯罪が発生することもない。混交によってブラジルの地でヨーロッパの子孫がどのような影響を受けたかと推定することは難しい。しかし特記すべき少数例を見る限りでは、知的水準が下がるということはないようである(2)」

ブラジルでこのような状況が生まれたのは、コロンブス以降の植民地でポルトガル人が人種についてきわめて非差別的であったためである。しかし現代のブラジルでは、非ポルトガル系の影響が大きくなってきていて、かつてのように黒人が全く差別されないというわけではなくなっている。アメリカと比べてその程度は小さいけれども、人種差別が現れたことによって社会が変質してしまうことは同じであった。逆に言えば、差別が少ないほど個々人の生活がより良く保たれるのである。

マイノリティの安全保障

つまり人種差別を最小化するには、差別につながる社会状況を最小化しなくてはならないのだ。人種そのものが対立の火種となることはない。対立が生じるのは、何らかのグループが、でっち上げによって全体から切り離されるときである（人種差別ではその「何らかのグループ」が人種であるだけで、それが信仰する宗教だとか、社会経済的な階級によって切り分けられることもある）。ある集団がマイノリティとなると、法による保護の枠外に置かれて、生活するための権利や、社会参加の機会を奪われてしまう。差別の口実が人種であろうと、それ以外の要因であろうと、このことは変わらない。いずれの場合にも、社会としてあらゆるマイノリティ差別の撤廃に向かっていくことこそ健全と言うべきではないだろうか。

この世界の現況では、あらゆる差別を撤廃するなんて全く実現不可能なことと思われるだろう。しかしこれは単に人種差別をなくすためだけのプログラムではない。ただマイノリティの人権を法律によって保護するよう求めているのでもない。少数派の生活を保障することは、マジョリティの側も、つまり今のところ迫害する側に立っているひとも、将来の生活について安心できるよう仕組みを作ることである。そうでなければ、どんな条文も、保護政策も、結局はまた新たな犠牲者を、絶望を忘れるための生贄を探し出してくることだろう。

失業対策、最低生活水準の引き上げ、市民権の保障をすれば、どんな国家であれ人種差別を無くす方向に一歩進むことになる。逆に他国民についての恐怖を煽ったり、特定の個人を辱めたり、社会参画を阻害したりすれば、対立は激しくなる。人類は未だに、家畜小屋から出ることができていない。雄鶏につつかれれば雌鶏もつつくだろう、自分より強いその雄鶏ではなく、自分より弱い別の雌鶏を。そして弱い雌鶏がもっと弱い雌鶏をつつく。それが続いて、最後には一番弱い雌鶏がつつかれて死んでしまう。人間にもやはり「つつく序列」があって、たとえ「優等人種」に属していようと、つつかれた人間はまた誰か別の人をつつかずにはいられないものだ。

世界恐慌からの一〇年間

レイシズムによる惨害を防ぐ手立てには、つまり二つの側面があることになる。持つ者と持たざる者の双方に対する民主的機会の保障である。しかし本質のところでは、二つを切り分けることはできない。縦糸と横糸であると言ってもいい。レイシストが掲げるスローガンは被抑圧者であっても使いやすい。これは運動をやる上で大きな利点となる。失業者や低賃金で働かされているひとたちが、自分たちの抱える恐怖や不安の代わりにレイシストの謳う「優等性」を吸い込む。これまでの研究で反ユダヤ感情は低賃金労働者の間で一番強いことが分かっている。そして社会が不景気の谷底にあるときに排斥感情は頂点に達する。だからアメリカで黒人の生活水準、健康水準、教育水準を上げようとするなら、同時に南部の白人貧困層の水準も持ち上げなくてはならない。「民主主義が回り出す」ことなしには、この国に働くひとたち皆が公共の福祉に貢献することはできない。真っ当な家賃で清潔な住環境が手に入って、そして定められた労働時間で正当な賃金を得られるようになるまでは、生贄のヒツジが求められることだろう。産業界が自分たちに課せられた規制を社会的責務として受け止められるようになるまでは、力のない人種グループが搾取されることは終わらない。それまではレイシストがのさばることは止められないし、それどころか、レイシストがその悪弊をさも当然かのように喧伝するのを黙ってみていることになる。

現実を見据えた経済学者や政治家ほど、今日の政策の近視眼に気づいている。この状況を固定化しようとすることはアルビジョア十字軍やユグノー弾圧の轍《てつ》を踏むことになる、と。未来永劫つづく福祉の芽を投げ捨てて、いま一時の権益ばかり追っている。国家の繁栄には、結局のところ二つの顔がある。モノを売るためにはモノを買うための金がいる、つまり雇用することは生産することである。現代の工業と金融のあり方では、どのようなグループであっても、片方にとって最良の状態はもう片方にとっても最良であるはずだ。逆に言えば互いが対立することは自殺にも等しい振る舞いであるから、競争相手同士でも協調して、将来のために一定の歯止めをかけることが必要ではないか。

世界恐慌からの十年間で私たちは、国民が満足な生活を送るために国家が果たすべき責任は何であるかをはっきり意識するようになった。そして歴史をみる限り、その国家が果たすべき役割はそのうちに小さくなっていくというよりは、徐々に大きくなっていくだろうとも考えている。民主主義の国家とは、一番狭い定義をとったとして、国民の全員を代表する一つの組織である。それ自体として、国民全員の利益となる運動を提起することができる。今日では、政府というものを抜きにして国民全体に対する責任や義務について語ることは難しい。この十年間で国が産業界にかける規制はずっと増えたし、西欧では国家財政は失業者対策に積極的に出動するようになり、皆保険制の老齢年金も作られるようになってきた。いずれも経済的な格差を小さくする方向の施策である。そして市民権の平等は、これと密接に結びついている。市民的な自由をさまざまあるグループに平等に行きわたらせようとするなら、政府の役割を大きくすることを躊躇させるような歴史的根拠は何一つない。アメリカをより良くすることは、全てのひとが自分の生活について自信をもてるようにすることである。繁栄の成果はひろく受け渡されていくのだと、国民皆が信じられるようにすることである。

文化人類学者の視線

文化人類学者であれば、対立をなくすための唯一の方法は共同の利益のために人間が協働し、その果実を分け合うことであると知っている。世界のどんな職業人よりも、この事実をはっきり目撃してきたと言ってもいいかもしれない。

文化人類学がこれまで接触してきた部族のほとんどは、その内部に二種類の倫理の規範《コード》を持っている。一つはホスピタリティー、互いの自由、共有することを全面的に勧めるコード。もう一つは殺し合い、拷問、強盗を勧めるコードである。第一種のコードが適用されるのは、社会的・経済的な活動が自分たちの利益として返ってくる場合である。これによって、堕落者以外は誰も罰せられることがないような内集団が作られる。狩りに成功したのが誰であろうと、その利益は部族のみんなの利益である。狩りが特別に上手な人間がいたら、それは部族全員にとっての資産である。祈禱師が祭典を執り行うとき、それは畜産や農業がうまくいくように、つまり部族全体の利益を祈ってのことである。あるいは闘士が、身を挺して部族全体を守る。

反対に第二種のコードは、利益を共有しないような相手に対して適用される。相手方が何をしようが、自分たちの食料が増えたり、住む場所が良くなったり、好運が得られたり、安全を確保したりできない場合だ。要するに相手が部外者のときである。そのような場合、殺すのが先か、殺されるのが先かという話になる。

内集団用のコードは、利益を共有する社会集団の一部門としてのみ起動する。もしも食料の増産が皆にとっての利益でなくなって、一人の男がそれを独占するようになったなら第一種のコードは発動しなくなる。超自然的な能力が私用のために使われるようになっても、やはり第一種のコードは発動しなくなる。あるいは法的・経済的・政治的な仕組みがえこひいきをするようになっても、第一種のコードは発動しなくなる。いずれの場合にも、代わりに排斥が行われるようになる。

内集団と外集団の倫理

「みんなの利益ないし損失」が「個人の利益ないし損失」ではなくなった時点で、その部族には内集団の倫理コードがはたらかなくなる。代わりに登場する排斥作用は、呪術の形を取ることが多い。呪術とは邪悪であって、その社会集団が公式に禁じない限り、呪いをかけられた人間は決して救われない。呪術が野放しにされている社会は、ゲシュタポや、ソビエトの統合国家政治局員がうろついている現代国家と同じである。彼らはまさにヒトラーの金切り声に沿って行動する。「必要なのは憎悪、憎悪、そして憎悪である」

内集団の倫理はつまり、メンバー全員が新しい冒険に参加していて、その利益を共有していることの反映にほかならない。外集団に敵意が向くのと同じように、内集団が相互に助け合いをするのは人類にとってごく自然なことである。相互扶助は夢物語ではないし、あるいは一部人民による遠大な社会改革を経なければ辿り着けないような状態でもない。利他主義や勤労精神の教義をもつ宗教があらわれるずっと前から存在していたものだ。人間の寄り集まるところであればどこでも、それが得となればいつでも自動的《オートマティック》に発生するものであった。もともとは原始生活のなか生まれた作用であって、そして文明が内集団をずっと拡大したことによってより広く適用されるようになった。今日では数百万人単位の人々が、「国民」「党員」「資本家」「労働者」として仲間をもったつもりになっているが、しかし歴史をみれば、つい最近までごく狭いテリトリーの中で敵対部族がいくつもいがみ合っていたのである。現代では生産プロセスが複雑化し、輸送効率が上がり、金融システムが独立したために、地理的には遠く離れた人々が、たった一つのカタストロフによって窒息するようにもなった。

内集団の相互扶助をさらに敷き広げる基盤は、文明によって既に築かれていることになる。ただ人類が、この現実世界の要請に適応することができないでいるだけだ。そしてこの文化遅滞[*5]が国家を超えたところの生命を脅かしている。学問に奉じる人々の多くがこれを悲観している。「大地は壊されてしまった、ヒトの本性に平和は似つかわしくなかった」「人間は結局のところ獣であって弱肉強食の他には能がないのだ」「殺し合うことが人類の運命だった、戦争も人種差別も避けられまい」。しかし文化人類学者からみればこの嘆きは間違っている。間違いと証明することさえできる。

外集団に向ける態度と同じく内集団の倫理も「本能」である。それが発現するためにいくつかの社会条件が揃う必要があるというだけだ。今のアメリカであれば、一部国民だけではなく全ての国民が繁栄を享受できることがその条件となるだろう。一方に飽食とモノ余りがあって、そしてもう一方に飢餓や失業が蔓延しているのを放置するのであれば、何もせずに大洪水がやってくるのを待つようなものである。現状を変えるためには、ひとり残らず全ての人間に、日々の糧が得られるような労働の機会をつくることを「粛々と」進めなければならない。教育および健康と、そして万が一の場合には逃げ込むことができるシェルターを全ての人間が手に入れられるようにしなくてはならない。全ての人間、つまり皮膚色や思想信条や人種に関わりなく、全員の市民権を守らなくてはいけないのだ。

＊5　物質文化に比べて思想や習俗などの非物質文明の変化が遅れること、特にその差分に生じた混乱や不安のこと。アメリカの社会学者W・F・オグバーンによって提唱された。

〈機能する民主主義〉へ

人種間の葛藤をなくすことは、社会改良《ソーシャル・エンジニアリング》である。教育はこれに無関係だろうか？学校こそ人種差別を終わらせる鍵であるとされてきたし、特別な教育法をとることによってこれを達成しようとする試みもこれまでに多くあった。これも大切なことには違いないけれども、その限界についてもはっきりと見ておかなくてはならない。そうでなければ後になって裏切られたと泣くことになる。子供だろうと成人だろうと、教育は大事である。偏見のない明るい精神を作ることができる。しかし学校で培われた良心を生かすためには、まずは社会の側に差別をなくし、機会への障壁をなくすことが必要になる。地獄への道は善意で舗装されている――善意とはすなわち、手段に過ぎないものを、考えもしないで最終目標の座に据えてしまうことである。教育が大事だと決まり文句のように叫ばれるが、教育を通じて具体的に何を達成しようとするのかを明らかにしなくてはならない。

レイシズムに立ち向かうために教育という強力な手段を利用するなら、そこには二つの目標がある。そしてこの二つは明確に区別しておかなくてはならない。一つには、日々の社会科を通じて人種についてのファクトと、一つの文明の中にも多くの人種が入り混じっていることを教えることである。中国人の文明は偉大だったとか、ユダヤ人が科学を前に進めたとか、そんな教育のやり方では子供が偏見なく育つことなどありえない。もう一つは、〈機能する民主主義〉とはどういう状態であるか教えることである。機能する民主主義について教えることは、それぞれに異なるグループも互いに関係しあっていると示すことである。あるいは自分たちのそれよりもうまく行っている社会、うまく行っていない社会について平等に話をすることかもしれない。子供たちは現状の不具合を不可避のものとしてではなく、力を合わせれば解決できる課題の一つとして教わるべきにちがいない。人種間の葛藤を解決するための方策として啓蒙を真っ先に挙げる論者がいるが、社会改良の代わりに啓蒙をと言っているなら、それは致命的な誤りである。そんなプログラムから生まれてくるのは、ただの偽善である。

レイシズムを拭い去るための運動は、今日ではすなわち「民主主義を動かす」ことである。変化を起こすことはいつも困難で、そして抵抗にあう。しかし進む方角さえ誤らなければ、その変化の代償を支払うことはできるはずだ。アラブの格言にこんなものがあった。――「何が欲しい？」預言者は訊ねる、「好きなものをとれ。そしてその対価をおいていけ」。

民主主義を動かすためには、その対価を払わなくてはならない。幸運なことに、アメリカの国土建設、土壌保全、医療や教育、国民購買力の向上策はいずれも、それ自体で国家財政にかなりの額を払い戻してくれるようだ。ナチス・ドイツのような国を作るときには安寧な生活、人権、科学や知的生活をすべて対価として差し出さなければならないが、これは民主主義を打ち立てるよりは相当に大きな代償である。被害者を生み出しているうちに、ナチスは自分たち自身が被害者となってしまった。

合衆国を建てた私たちの祖先は、圧し潰されるひとを生まずとも国を治めることができるはずだと信じていた。その信念が間違っていなかったと証明するのは、私たちの責務である。

原　注

第二章

（1）*Biographies of Words and the Home of the Aryas*. London, 1888, p. 120.

（2）本来は言語学用語である「スラヴ」という言葉を、私自身、本書を通じて特定の民族を表す言葉として使用している。生物学用語でこの民族を表す一般的な語彙がないのだ。

（3）Hooton, Earnest A., *Up from the Ape*, London, Allen & Unwin, 1931, p.525.

（4）Hankins, Frank H., *The Racial Basis of Civilization*. New York, 1926, p. 350; London, Knopf, 1927.

第三章

（1）『ゲーテとの対話（下）』エッカーマン著、山下肇訳、p.355

（2）Coon, Carleton, *The Races of Europe*, New York, Macmillan & Co., 1939, p.646.

（3）前掲書　p.623

第四章

（1）『民族移動史』ハッドン著、小山栄三訳、p. 62

（2）Huxley, Julian, and Haddon, A. C., *We Europeans*. London, Jonathan Cape, 1935, p.95.

（3）Adams, Romanzo, “The Unorthodox Race Doctrine of Hawaii,” in *Race and Culture Contacts*, ed. by E. B. Reuter. New York, 1934, p. 145 ff.

（4）Huxley, J. S., *Eugenics and Society:* Galton Lecture, Eugenics Society. London, 1936.

第六章

(1) Boule, Marcellin, *Fossil Men: Elements of Human Palæontology*. Translated from the French by Jessie E. and James Ritchie. Edinburgh, 1923, p.229.
(2) Pearson in *Biometrika*, Vol.8, 1912, pp.292-337.
(3) Burchell, quoted in. W. J. Sollas, *Ancient Hunters*. London, 1911, p.272.
(4) Yerks, R. M., "Psychological Examining in the United States Army," *Memoirs of the National Academy of Sciences*. Washington, Vol. 15, vi, 1921, p.790.
(5) Garth, Thomas Russell, *Race Psychology, a Study of Racial Mental Differences*. London, McGraw-Hill, 1931, p.183.
(6) Klineberg, Otto, *Race Differences*. London, Harper, 1935, p.155.
(7) 前掲書　p.182
(8) Garth　前掲書　p.219
(9) Klineberg　前掲書　pp.185-186
(10) Thorndike, E. L., *Educational Psychology*, Vol. III. New York, 1921, p.207.
(11) Garth　前掲書　pp. vii and 101
(12) Klineberg　前掲書　p. 189
(13) Brigham, C. C., "Intelligence Tests of Immigrant Groups," *Psychological Review*, Vol. XXXVII. Princeton, 1930, p.165.
(14) Muller, H. J., *Out of the Night: a Biologist's View of the Future*. London, Gollancz, 1936, p.150.
(15) Garth　前掲書　p.217
(16)『民族発展の心理』ギュスターヴ・ル・ボン著、前田長太訳、pp.42-43

(17) 前掲書　p.58
(18) Hankins, Frank H., *The Racial Basis of Civilization*. London, Knopf, 1927, pp.308-309, 364-366.
(19) 前掲書　p.305

第七章

(1) I. D. MacCrone, *Race Attitudes in South Africa*. London, 1937, p.7 より
(2) Letter to Probusch—Osten, June 10, 1856, quoted by Jacques Barzun in *Race: a Study in Modern Superstition*. London, Methuen & Co., 1938, p. 95, n. 5.
(3) Livi, *Antropometria militare*. Rome, 1896.
(4) Grant, Madison, *The Passing of the Great Race*. London, G. Bell & Sons, 1917, p.175.
(5) 前掲書　pp. 167-166
(6) 前掲書　p. 177
(7) 前掲書　pp. 72-74
(8) 前掲書　p.ix
(9) Aleš Hrdlička, *The Old Americans*. Baltimore, 1925.
(10) Huxley, J. S., and Haddon, A. C., *We Europeans*. London, Jonathan Cape, 1935, p.132.
(11) マイノリティ・グループについては下記文献が参考になる。Young, Donald, *American Minority Peoples*. London, Harper, 1932.
(12) Grant, Madison, *The Passing of the Great Race*, London, G. Bell & Sons, 1917. Burr, Clinton Stoddard, *America's Race Heritage*, New York, 1922. Stoddard, Lothrop, *The Revolt Against Civilization; the Menace of the Under Man*, London, Chapman & Hall, 1922. Gould, Charles W.,

America: a Family Matter, New York, 1922. Osborn, Henry Fairfield, *Man Rises to Parnassus*, London, Oxford University Press, 1928.

(13) Quatrefages, Jean-Louis Armand de, *The Prussian Race*, London, 1872. Isabella Innes による英訳

(14) Broca, Paul, *Mémoires d'Anthropologie*. Paris, 1871.

(15) Chamberlain, Houston Stewart, *Die Grundlagen des neunzehnten Jahrhunderts*. Munich, 1899. 英訳本は *The Foundations of the Nineteenth Century*, London, 1911, 2 vols. : Translated by John Lees.

(16) 前掲書第一巻　p.499 脚注

(17) 前掲書第一巻　p.491

(18) Rosenberg, Alfred, *Der Mythus des Zwanzigsten Jahrhunderts*. Munich, 1935. (『二十世紀の神話』)

第八章

(1) Castle, W. E., "Biological and Social Consequences of Race-Crossing," *American Journal of Physical Anthropology*, Vol. IX, pp. 145-156.

(2) Bryce, James, *South America, Observations and Impressions*. London, Macmillan & Co., 1912, pp. 477, 480.

訳者あとがき

どうして今『レイシズム』を読むのか

この本は、第二次大戦の最中に書かれた古いものです。最新の国際情勢とか、明日から役に立つアドバイスが書かれているわけでもありません。けれども私は、この本に不思議な迫力を感じて、これを訳しました。迫力を感じるのは、この本が書かれた後の歴史を私たちが知っているからでもあるでしょう。差別を原動力にしようとした国々は自壊していきました。戦争が終わり、そしてルース・ベネディクトが死んだ後も、この本は読まれ続けました。一九五九年にはマーガレット・ミードの序文をつけた改訂版が出て、二〇一九年には歴史家ジュディス・サッチャーの解説を加えた新装版が上梓されています。アメリカに人種差別がなかったわけではもちろんありませんが、でも人間に生まれつきの優劣などないのだというこの本が、こうして古典になるまで読み継がれてもいることは、戦後の歴史の中で決して小さくない役割を果たしているように思います。

戦時下のアメリカほどではないにしても、オリンピックという大きなイベントを前にして、私たちの生活するところでも「民族」の意識が大きくなっています。スポーツを見ているときほど、私たちが人間の身体にじっくりと見惚れることはありません。そして選手たちの身体には、国名が大きくはっきりと貼りだされます。そのゼッケンが、観戦する上でのちょっとした便宜というか、盛り上げるための演出の一つとしてだけ働くなら悪くないことでしょう。けれども国の名前には、多少ともファンタジーであるような、ある種の理想像が張りつきます――その国の人間らしい背格好や所作、あるいはもっと象徴的に身の振り方が。本書に描かれたような「ハーフ・カースト」の運動選手、今まで漠然と想定されてきた「代表」的な日本人とは違う身体が脚光を浴びるとき、それを観ている側の心のうちに、何かしらの反作用のようなものが生まれることはないだろうかと、すこし心配な気持ちがあります。

私は精神科医を普段やっているので、そのせいで敏感になっているのかもしれません。特別なイベントがないときでさえ、それらしくないと批難されて、それで具合を悪くした子供たちがよく診察室にやってきます。皮膚や髪の毛の色など、外見的な差異を攻撃されることが多いですが、たとえば親の国籍みたいに、本人自身とは関係のない事柄まで攻撃されることもあります。らしさとか理想像はシンボリックなものでしかないので、それを言い立てる側に首尾一貫した行動が生まれることはないようです。むしろ精神病の症状のような、一つの考えからどうしても抜け出せなくなることとか、たえざる不安感を抱くことに近くなっていきます。

この本の第一部で丁寧に説明されているように、人種ごとに優劣があるという意味でのレイシズムは、端的にいって誤りです。遺伝による身体の構造、親のそれぞれの家系、あるいはどこの国籍を持っているだとかで人間の価値が決まっているなどと考えるのは、思想信条として云々されるようなものでなく、それらしく理屈付けされた虚言に過ぎません。その点でナショナリズムは、まだ思想と呼べるものの範疇にありますが、しかしそこで崇められている国家《ネイション》というものも、きわめて曖昧なものです。国境線は政府間の取り決めによって書き換わるものですし、主権を誰が握るかさえ体制次第で変わります。誰を国民と数えるかも、先に述べた二つに応じて変化します。たとえば大戦の前後で、「日本」の国境線も、主権の在りかも、あるいは国籍を持つ人たちの構成も大きく変わりました。

人種に優劣があるらしいという伝聞と、国家なるものを最優先事項にしてみようという思いつきはそれぞれ別個のものですが、本書の第二部で語られているように、レイシズムとナショナリズムは合流していく傾向にあります。どちらも具体的な根拠をもたないものですから、もっと切迫した動機、たとえば経済的な利害とか、一時の熱狂にしばしば押し流されてしまいます。

そうと分かってはいても、私たちはそういうシンボリックなものに心を奪われてしまいますから、私たちが具体的な対人関係を軽視して、抽象的なことばかり考え詰めてしまうパターンはこれからも続くでしょう。でもだからこそ確固としたもの、事実といえるところにまで立ち返って、そこから話を始める必要があるのではないでしょうか。『レイシズム』は、その拠り所となる本だと思います。

『レイシズム』から『菊と刀』へ

さて、本書の著者ルース・ベネディクトは日本文化論の古典である『菊と刀』で知られる文化人類学者です。もともとは北米先住民族の研究者であったベネディクトが、どうして人種差別についての啓蒙書を著したのでしょうか。ヒューマニスティックな動機だけでなかったのは確かです。

ルース・ベネディクト

『レイシズム』が出版された一九四〇年前後から、ベネディクトはアメリカ軍の情報作戦に深く関わるようになっていました。合衆国の人種構成からして、差別を野放しにしていたら戦争遂行に悪影響があるのは明らかです。「人種による能力の高低」などを認めてしまうと、合衆国民が出自にかかわらず徴兵されることの前提が崩れてしまいます。あるいは国内での争いに貴重な資源が費やされてしまうことにもなったでしょう。したがって、この本が総動員のためのプロパガンダであった側面は否定できません。もっとも、政府がベネディクトを完全にバックアップしていたわけでもなく、たとえば白人よりも黒人の方が成績の良いこともあると書いたことに対して、保守政治家から弾劾のキャンペーンを張られたりもしています。

政治的な理由のほかに、ベネディクトを本書の執筆へと駆り立てたものを、私は二つ考えています。一つは三〇年代以降の、精神医学への接近です。文化人類学者としての活動の傍らで、ベネディクトは精神科医ハリー・スタック・サリヴァンの症例検討会に参加していたことが知られています。二人がどこで知り合ったのかははっきりしませんが、サリヴァンのアパートメントに、病棟の精神科看護士に混じってベネディクトも通っていました（この二人は実は同じニューヨーク州シェナンゴ郡の出身で、同じ学校に通ってもいたのですが、この頃に初めてそうと知ったようです）。

『文化の型』に代表されるベネディクトの初期の研究は、文化のもつ価値が相対的であって、どこかの基準線をもとに優劣を較べられるようなものではないことを明らかにしたものでした。また、個々人のパーソナリティが文化の全体傾向と強く結びあっていることをも示しています。先に述べたように、「人種」とか「優劣」などの抽象的なものに捉われてしまうことは精神病性の幻覚や妄想と地続きになっていますから、ベネディクトが自分の研究を実社会に応用するとき、差別という心理学的なテーマを扱ったのは必然であったように感じられます。

『レイシズム』が書かれたもう一つの理由は、彼女自身がアカデミアの中で活躍する女性として、あるいは戦前社会におけるレズビアンとして、自分がマイノリティであることを日々見せつけられていたことではないかと、私は感じています。ベネディクトは、たとえば三三年のTIME誌で三指に入る社会科学者とまで高く評価されていますが、大学当局の反対にあって正教授となることが長く叶いませんでした。あるいは同性愛嫌悪が蔓延していた当時のアメリカで、有名なマーガレット・ミードとの恋愛関係を続けることには邪魔ばかりが多かったことと思います。

ベネディクトが性《セクシユアリテイ》について表立っての「異議申し立て」をすることはありませんでしたが、『レイシズム』の中の、たとえば第八章の一節は、人種的な少数派だけではなく、より広くマイノリティ全体の側から社会を捉え返そうとしています。

　少数派の生活を保障することは、マジョリティの側も、つまり今のところ迫害する側に立っているひとも、将来の生活について安心できるよう仕組みを作ることである。

次に、本書と『菊と刀』の関係について述べます。

『レイシズム』が出版されて三年後の一九四三年から、ベネディクトは合衆国政府の戦時情報局で働くようになります。真実性の高い情報をもとにした宣伝、いわゆるホワイト・プロパガンダを担当する機関です。学問の世界で思うように評価されなかったベネディクトにすれば、自分の力を存分に発揮できる舞台だったはずです。最初のころには、タイやビルマ、ルーマニアなどの国々を担当していました。

太平洋戦争が激しくなると、第一の敵国である日本の分析がますます重要になりましたが、しかし敵国であるだけに情報局の末端でさえもステレオタイプに影響されていて、科学的な情報収集ができませんでした。そこで、自身も中国文化の研究者であった情報局長ジョージ・テイラーがベネディクトを日本分析のチーフに指名します。

ベネディクトは、日本人捕虜の膨大な尋問記録や日誌を軍から入手して、さらに英訳された文学書や映画までも片端から蒐集して、そこに現れる日本人の行動パターンの一つひとつを点検しました。疑問があれば、右腕代わりの在米日系人ロバート・ハシマに逐一質問したそうです。「アメリカ人から見た日本人」ではなく、「日本人にとっての日本文化」を捉えようとしました。

一連の日本研究のバックボーンとして、方法論としては通訳者《インフォーマント》を介して北米先住民族の文化を記録した『文化の型』が、そしてその基礎には生まれつきの別人種という先入観が有害無益であると指摘した『レイシズム』があったということもできるかもしれません。最終的に、ベネディクトの日本研究は「報告書二十五号」としてまとめられます。後の連合軍による日本の占領政策の大枠は、天皇を戦犯としないことなど、この報告書に沿ったものとなりました。報告書を一般向けに加筆編集したものが、一九四六年に『菊と刀』として陽の目を見ます。

本国アメリカでは、『文化の型』が現在でも文化人類学のテキストとして使われているのに比べれば、『菊と刀』それ自体が取り上げられることは少ないようです。しかし日本では四八年に邦訳されて以来、『菊と刀』は一度も絶版になることなく読み継がれてきました。機密指定が解かれた後の「報告書二十五号」までも、日本でだけ翻訳出版されています(『日本人の行動パターン』ＮＨＫブックス)。『菊と刀』に、日本人は自己理解の一助を求めているのかもしれません。もっとも、アメリカで『文化の型』がよく読まれているのも、そこに描かれたのがかつての北米大陸に生きた部族であって、ある種の郷愁の念を掻き立てるからという側面も否定できないようには思いますけれども。

翻訳について

原書にはいくつかの版があるので、そのそれぞれについて掲げておきます。まず初出は、一九四〇年にアメリカの Modern Age 社から出た *Race: Science and Politics* です。二年後に、イギリスの Routledge 社からイギリス版の *Race and Racism* が出ます。四三年にはアメリカ版を改訂したものが Viking Press 社から出て、四五年版にはベネディクト自身がこれに新しい序文を書いています。ここまでの各版には、国際関係の変遷を反映した若干の文言の変更がありますが、内容について大きな違いはありません。ベネディクトは四八年、ユネスコの会議に出席するための長旅から帰国した直後に六一歳で亡くなりますが、この後にも五九年版、二〇一九年版が出版されたのは冒頭に述べたとおりです。

邦訳は、一九四五年版を底本にして、五〇年に北隆館から出た『民族――その科学と政治性』（志村義雄訳）が最初です。占領下の日本では、翻訳出版は連合軍が選んだ少数の洋書のみ許されましたが、本書もそのうちの一つでした。占領政策の一部として翻訳を指示されたのです。後に五九年版を底本として、九七年に名古屋大学出版会から『人種主義　その批判的考察』（筒井清忠・寺岡伸悟・筒井清輝訳）が出版されています。英単語の初出や用法の歴史的変遷を記した「オックスフォード英語辞典」に本書から用例が採られていることが示しているように、racism という言葉を現代に広めたのがベネディクトですから、今回の翻訳ではその点を重視して、イギリス版 *Race and Racism* を底本に用いて、邦題も『レイシズム』としました。

いくつかの重要な訳語について補足しておきます。

Negro という言葉が原文に繰り返し登場しますが、この語は戦前頃までそれ自体としては差別的な語彙ではありませんでした。本書では二つの意味で使われています。原則として、アフリカ大陸から奴隷船で北米に連れてこられた人たちの子孫を指すときには「アメリカ黒人」、そして主に黒い肌から定義される世界各地の人口集団の一つを表すときには「ネグロイド」と訳し分けています。

次に、raceについてです。本書の第二章から第五章にかけて説明されている通り、この言葉が指す内容はきわめて曖昧です。「ハーフ」の一員である私自身も日々感じるところですが、人種というコトバはときに国籍を、ときに母国語を、ときにはもっと捉えがたい生まれを漠然と指しています。現代の科学では人種概念そのものが使われなくなりつつありますす。二十世紀後半から、文化的なまとまりについてはethnosの語を使うこともありましたが、日本語としていずれについても定着した訳語はありません。本書ではraceの語を文脈に応じて「人種」あるいは「民族」としました。より中立的なethnic groupの語については、そのまま「エスニック・グループ」とカナ書きにしています。

また、インディアン、エスキモー、ホッテントット、ピグミー、ブッシュマンなどの語は、現在の文化人類学では、より厳密な使用がなされる用語ですが、執筆当時の知見と時代背景を尊重し、そのままとしました。

原書は広く読まれることを想定してやさしい英語で書かれていますから、翻訳にあたっては一語一句を順序通り訳出するというよりも、日本語として自然で読みやすい訳文にすることを優先しました。具体的には、改行を多くして、センテンスの位置を必要な範囲で前後させています。また原書の各章末には、本文を補強するための古今東西の警句や執筆当時の新聞記事などが「WHAT THEY SAY」と題して抜粋されていますが、今回の翻訳では割愛しました。

最後になりましたが、本書の出版に尽力してくださった講談社の梶慎一郎さんと、恩師の糸川昌成先生に感謝したいと思います。

二〇二〇年三月一日

訳　者

参考文献

翻訳にあたって参考にしたおもな文献をあげる。

第一章

Finot, Jean, *Race Prejudice* (translated by Florence Wade-Evans), E. P. Dutton, 1906, p.16.

de Lapouge, Georges Vacher, *L'anthropologie et la science politique*, Revue d'anthropologie, 1887, pp. 149-151.

第二章

Müller, Friedrich Max, *Biographies of Words and the Home of the Aryas*, Longmans, Green, 1888, p. 120.

Hankins, Frank Hamilton, *The Racial Basis of Civilization*, Alfred A. Knopf, 1926, p. 350.

Hooton, Earnest Albert, *Up from the Ape* (2nd ed.), Macmillan, 1946, p.588.

第三章

ダーウィン『種の起源』(上・下) 渡辺政隆訳　光文社古典新訳文庫　二〇〇九年

Stepan, Nancy, *The Idea of Race in Science: Great Britain, 1800-1960*, Macmillan, 1982.

Japanese Archipelago Human Population Genetics Consortium, *The History of human populations in the Japanese Archipelago inferred from genome-wide SNP data with a special reference to the Ainu and the Ryukyuan populations*, Journal of Human Genetics 57(12), 2012, pp.787-795.

Tajima, Atsushi, et al., *Genetic origins of the Ainu inferred from combined DNA analyses of maternal and paternal lineages*, Journal of Human Genetics 49(4), 2004, pp.187-193.
Jinam, Timothy Adrian, et al., *Human genetic diversity in the Japanese Archipelago: dual structure and beyond*, Genes & Genetic Systems 90(3), 2015, pp.147-152.
エッカーマン『ゲーテとの対話』(上・中・下) 山下肇訳　岩波文庫　一九六八年
Coon, Carleton Stevens, *The Races of Europe*, Macmillan, 1939, p.646.

第四章

岡正雄、江上波夫、井上幸治監修『スラヴ民族と東欧ロシア』山川出版社　一九八六年
岡正雄、江上波夫、井上幸治監修『アフロアジアの民族と文化』山川出版社　一九八五年
岡正雄、江上波夫、井上幸治監修『ヨーロッパ文明の原型』山川出版社　一九八五年
岡正雄、江上波夫、井上幸治監修『民族交錯のアメリカ大陸』山川出版社　一九八四年
Haddon, Alfred Cort, *The Wanderings of Peoples*, Cambridge University Press, 1911.
Huxley, Julian Sorell, Haddon, Alfred Cort and Carr-Saunders, Alexander Morris, *We Europeans: a Survey of "Racial" Problems*, Penguin Books, 1939, p.95.
Voltaire, *Dictionnaire Philosophique*, Les éditions Garnier Frères, 1878, pp.174-196.
Adams, Romanzo, The Unorthodox Race Doctrine of Hawaii, in *Race and Culture Contacts* (ed. by E. B. Reuter), McGraw, 1934.

第五章

メンデル『雑種植物の研究』岩槻邦男・須原準平訳　岩波文庫　一九九九年

Allen, Garland Edward, *Mendel and modern genetics: the legacy for today*, Endeavour 27(2), 2003, pp.63-68.

第六章

スティーヴン・J・グールド『人間の測りまちがい——差別の科学史』（上・下）鈴木善次・森脇靖子訳　河出文庫　二〇〇八年

Lewis, Herbert S., *Boas, Darwin, Science, and Anthropology*, Current Anthropology 42(3), 2001, pp.381-406.

Martinelli, Riccardo, *Defining human sciences: Theodor Waitz's influence on Dilthey,* British Journal for the History of Philosophy 26(3), 2018, pp. 498-518.

Boule, Marcellin, *Fossil Men: Elements of Human Palæontology* (translated by Jessie Elliot Ritchie and James Ritchie), Gurney and Jackson, 1923, p.229.

Benington, Robert C. and Pearson, Karl, *A Study of the Negro Skull with Special Reference to the Congo and Gaboon Crania*, Biometrika, 8(3-4), 1912, pp.292-339.

Sollas, William Johnson, *Ancient Hunters and their Modern Representatives,* Macmillan, 1911, p.272.

Yerkes, Robert Mearns, *Psychological Examining in the United States Army*, Memoirs of the National Academy of Sciences 15, 1921, p.790.

Klineberg, Otto, *Race Differences*, Harper, 1935, pp.155, 182-189

Muller, Hermann Joseph, *Out of the Night: a Biologist's View of the Future*, Victor Gollancz, 1936, p.150.

シドニー・L・ギューリック『日本人の進化』川西進・瀧田佳子訳　アメリカ古典文庫（第二二巻『アメリカ人の日本論』に収録）研究社出版　一九七五年

ギュスターヴ・ル・ボン『民族発展の心理』前田長太訳　大日本文明協会刊行叢書　一九一〇年

Hankins, Frank Hamilton, *The Racial Basis of Civilization*, Alfred A. Knopf, 1926, pp.308-309, 364-366.

Conklin, Edwin Grant, *The Direction of Human Evolution*, Charles Scribner's Sons, 1921, p.45.

チェッリーニ『チェッリーニ自伝――フィレンツェ彫金師一代記』（上・下）古賀弘人訳　岩波文庫　一九九三年

第七章

ジョージ・M・フレドリクソン『人種主義の歴史』李孝徳訳　みすず書房　二〇〇九年

サイモン・シャーマ『フランス革命の主役たち』（上・中・下）栩木泰訳　中央公論社　一九九四年

アリストテレス『政治学』牛田徳子訳　京都大学学術出版会　二〇〇一年

シャトーブリアン『アタラ／ルネ』畠中敏郎訳　岩波文庫　一九三八年

ベルナルダン・ド・サン＝ピエール『ポールとヴィルジニー』鈴木雅生訳　光文社古典新訳文庫　二〇一四年

MacCrone, Ian Douglas, *Race Attitudes in South Africa*, Witwatersrand University Press, 1937, p.7.

シィエス『第三身分とは何か』稲本洋之助・伊藤洋一・川出良枝・松本英実訳　岩波文庫　二〇一一年

Gobineau, Arthur, comte de, *Essai sur l'inégalité des races humaines*, Librairie de Firmin-Didot, 1884.

Barzun, Jacques, *Race: a Study in Modern Superstition* (2nd ed.), Harper Torchbooks, 1965.
Livi, Ridolfo, *Antropometria militare*, Roma, 1896.（東京大学附属図書館理学図書館所蔵）
Grant, Madison, *The passing of the Great Race: or, The Racial Basis of European History* (4th ed.), Charles Scribner's Sons. 1936, pp.vii-ix, 83, 186, 193.
Huxley, Julian Sorell, Haddon, Alfred Cort and Carr-Saunders, Alexander Morris, *We Europeans: a Survey of "Racial" Problems*, Penguin Books, 1939, p.132.
Burr, Clinton Stoddard, *America's Race Heritage*, The National Historical Society, 1922.
Stoddard, Lothrop, *The Revolt Against Civilization*, Charles Scribner's Sons, 1922.
Gould, Charles Winthrop, *America: a Family Matter*, Charles Scribner's Sons, 1922.
de Quatrefages, Armand, *La Race Prussienne*, Librarie Hachette, 1871.
Broca, Paul, *Mémoires D'anthropologie*, C. Reinwald, 1871-1888.
Chamberlain, Houston Stewart, *The Foundations of The Nineteenth Century* (translated by John Lees), The Bllantyne Press, 1913.
アドルフ・ヒトラー『わが闘争』（上・下）平野一郎・将積茂訳　角川文庫　一九七三年
ローゼンベルク『二十世紀の神話』丸川仁夫訳　三笠書房　一九三八年

第八章

渡邊昌美『異端者の群れ――カタリ派とアルビジョア十字軍』八坂書房　二〇〇八年
Castle, William Ernest, *Biological and Social Consequences of Race-Crossing*, American Journal of Physical Anthropology 9(2), 1926, pp. 145-156.
菅野賢治『ドレフュス事件のなかの科学』青土社　二〇〇二年

Bryce, James, *South America: Observations and Impressions*, Macmillan, 1912, p.480.

訳者あとがき

Benedict, Ruth, *An Anthropologist at Work* (ed. by Margaret Mead), Houghton Mifflin, 1959.
Modell, Judith Schachte, *Ruth Benedict; Patterns of a Life*, University of Pennsylvania Press, 1983.
Wake, Naoko, *Private Practices: Harry Stack Sullivan, the Science of Homosexuality, and American Liberalism*, Rutgers University Press, 2011.
TIME Magazine, *Science: Best Women*, March 20th, 1933.
マーガレット・ミード編著『人類学者ルース・ベネディクト——その肖像と作品』松園万亀雄訳　社会思想社　一九七二年
ルース・ベネディクト『日本人の行動パターン』福井七子訳　ＮＨＫブックス　一九九七年
ルース・ベネディクト『菊と刀』長谷川松治訳　講談社学術文庫　二〇〇五年
ルース・ベネディクト『人種主義　その批判的考察』筒井清忠・寺岡伸悟・筒井清輝訳　名古屋大学出版会　一九九七年

レイシズムを乗り越えるための文献案内

〈レイシズムの歴史を知るために〉
『人種差別』アルベール・メンミ著　菊地昌実・白井成雄訳　法政大学出版局　一九九六年
『人種と歴史』クロード・レヴィ＝ストロース著　荒川幾男訳　みすず書房　二〇〇八年
『人間の測りまちがい――差別の科学史』（上・下）スティーヴン・J・グールド著　鈴木善次・森脇靖子訳　河出文庫　二〇〇八年
『アメリカの黒人演説集』荒このみ編訳　岩波文庫　二〇〇八年

〈レイシズムの心理学的な理解に向けて〉
『群衆心理』ギュスターヴ・ル・ボン著　櫻井成夫訳　講談社学術文庫　一九九三年
『日常生活の精神病理学』ジークムント・フロイト著　高田珠樹訳　岩波書店　二〇〇七年
『精神病理学私記』ハリー・スタック・サリヴァン著　阿部大樹・須貝秀平訳　日本評論社　二〇一九年

〈現代日本のレイシズム〉
「ある一般病院精神科外来における朝鮮人」岡田靖雄　『日本社会精神医学会雑誌』二（一）：四一－四八　一九九三年
『ふたつの日本』望月優大著　講談社現代新書　二〇一九年
『「混血」と「日本人」』下地ローレンス吉孝著　青土社　二〇一八年
『レイシズムを解剖する』高史明著　勁草書房　二〇一五年

ナ行

ハ行

マ・ヤ・ラ行

索　引

＊本書は、講談社学術文庫のための新訳です。

ルース・ベネディクト（Ruth Benedict）

1887−1948。アメリカの文化人類学者。ニューヨークに生まれ，コロンビア大学大学院でフランツ・ボアズに師事。著書に，『文化の型』『菊と刀―日本文化の型』。

阿部大樹（あべ　だいじゅ）

1990年，新潟生まれ。新潟大学医学部卒。精神科医。主な論文に“Music-evoked emotions in schizophrenia”ほか。訳書にH・S・サリヴァン『精神病理学私記』（須貝秀平と共訳）。

講談社学術文庫

定価はカバーに表示してあります。

レイシズム

ルース・ベネディクト／阿部《あべ》大樹《だいじゅ》 訳

2020年4月8日　第1刷発行
2020年6月30日　第3刷発行

発行者　渡瀬昌彦
発行所　株式会社講談社
東京都文京区音羽2-12-21 〒112-8001
電話　編集（03）5395-3512
販売（03）5395-4415
業務（03）5395-3615

装　幀　蟹江征治
印　刷　株式会社廣済堂
製　本　株式会社国宝社
本文データ制作　講談社デジタル製作

ISBN978-4-06-519387-7

「講談社学術文庫」の刊行に当たって

これは、学術をポケットに入れることをモットーとして生まれた文庫である。学術は少年の心を養い、成年の心を満たす。その学術がポケットにはいる形で、万人のものになることは、生涯教育をうたう現代の理想である。

こうした考え方は、学術を巨大な城のように見る世間の常識に反するかもしれない。また、一部の人たちからは、学術の権威をおとすものと非難されるかもしれない。しかし、それはいずれも学術の新しい在り方を解しないものといわざるをえない。

学術は、まず魔術への挑戦から始まった。やがて、いわゆる常識をつぎつぎに改めていった。学術の権威は、幾百年、幾千年にわたる、苦しい戦いの成果である。こうしてきずきあげられた城が、一見して近づきがたいものにうつるのは、そのためである。しかし、学術の権威を、その形の上だけで判断してはならない。その生成のあとをかえりみれば、その根は常に人々の生活の中にあった。学術が大きな力たりうるのはそのためであって、生活をはなれた学術は、どこにもない。

開かれた社会といわれる現代にとって、これはまったく自明である。生活と学術との間に、もし距離があるとすれば、何をおいてもこれを埋めねばならない。もしこの距離が形の上の迷信からきているとすれば、その迷信をうち破らねばならぬ。

学術文庫は、内外の迷信を打破し、学術のために新しい天地をひらく意図をもって生まれた。文庫という小さい形と、学術という壮大な城とが、完全に両立するためには、なおいくらかの時を必要とするであろう。しかし、学術をポケットにした社会が、人間の生活にとってより豊かな社会であることは、たしかである。そうした社会の実現のために、文庫の世界に新しいジャンルを加えることができれば幸いである。

一九七六年六月　　　　　　　　　　野間省一